swb media publishing®

D1731625

Hermann Göppert

DRAMA AM WASSERFALL

swb media publishing®

Bibliografische Information der Deutschen Nationalbibliothek
Die Deutsche Nationalbibliothek verzeichnet diese Publikation in
der Deutschen Nationalbibliografie; detaillierte bibliografische
Daten sind im Internet über http://dnb.d-nb.de abrufbar.

1. Auflage 2016

ISBN 978-3-945769-23-2

© 2015 swb media publishing
Gaisburgstraße 4 B, 70182 Stuttgart
Printed in Germany

Titelfoto: Hermann Göppert
Textbearbeitung: Evelyne Pyttel
Lektorat: Dr. Heiger Ostertag
Umschlaggestaltung und Satz: Julia Karl / www.juka-satzschmie.de

Druck und Bindung: Rosch-Buch Druckerei GmbH, 96110 Scheßlitz
Dieses Buch wurde auf chlor- und säurefreiem Papier gedruckt.

Der Fohrenhof

Der alte »Fohrenhof« im südlichen Hochschwarzwald
hatte musealen Charakter und galt als ein romanti-
sches Postkartenmotiv. In idyllischer Hanglage, am
nahen Waldrand gelegen, war dieser stolze Hof mit
dem ausladenden Walmdach der Familie Tritschler
schon von Weitem zu sehen. Vier mächtige Pappeln
standen talwärts davor und spendeten Schatten bis in
die Obergeschosse hinein. Sie schützten das Gebäude
vor Sturm und Unwettergebilden. Die kleine Hofkapelle mit ihrem Zwiebeltürmchen und dem Glöck-
chen, auch »St. Georgskapelle« genannt, lag unmittelbar neben dem Hofgebäude. Sie grüßte den Wanderer
und lud ihn zu einem kurzen Gebet ein. Sie zeugte
von der christlichen und gottesfürchtigen Gesinnung
der früheren Hofbesitzer. Einer schriftlichen Überlie-
ferung zufolge ließ sie ein ehemaliger Hofbesitzer mit
dem Namen »Georg« aufgrund eines Gelübdes errich-
ten. Dieser gottesfürchtige Hofbauer Georg Tritschler
lag einst schwerkrank danieder und war dem Tode

nahe. In dieser Todesnot versprach er vor Gott und allen Heiligen und seiner Familie, er werde, nach einer von Gott gewollten Heilung und Loslösung von seiner vermaledeiten Krankheit, nahe seiner Geburtsstätte eine Kapelle erbauen. Sie solle für alle Zeiten seinen Namen tragen. Jeden Sonntag um zwölf Uhr läutete der Altbauer Franzsepp aus Tradition das Glöcklein, das ebenfalls zu Ehren auf den heiligen Georg geweiht wurde. Es mahnte zur Einhaltung der Sonntagsruhe auf dem Hofe und des Gebets.

Unterhalb des Hofgebäudes stand am nahen Bache, der vom Hochwald herunterfloss, die hofeigene Mühle. Schon vor Generationen wurde das reichlich zu Tal fließende Wasser zum Mahlen des eigenen Getreides zu Mehl, mit dem das Brot gebacken wurde, und für den Schrot für die Tierhaltung auf dem Hof, genützt. Eine segensreiche Zusatzeinrichtung erzeugte mit der vorhandenen Wasserkraft über eine Turbine lange Jahre auch eigenen Strom. Eine Transmission, die unter dem ausladenden Dach an der hinteren Hauswand befestigt war, übertrug zudem den Antrieb für die Kreissäge. In den vergangenen 250 Jahren seit dem Bestehen des Fohrenhofes wurden am Gebäude keinerlei bauliche Veränderungen vorgenommen. Markant für die Tierhaltung war der über vier Meter lange Brunnentrog, aus Sandstein gehauen, aus dem die Kühe vor und nach dem Weidegang ihren Durst mit dem eigenen Brunnenwasser löschten. Das nach allen Seiten ausladende Walmdach war auf der Wetterseite großflächig mit Moos bewachsen. Es hätte dringend einer Erneuerung bedurft. Die umfangreichen Arbeiten und hohen Kosten einer Gesamtrenovierung wollte Franzsepp in seinem hohen Alter aber nicht mehr auf sich nehmen. Davor hatte sich auch schon sein Vater Wendelin gedrückt. Auch er hatte in all den zurückliegenden Jahren keinerlei Veränderungen, weder im Innern noch an der Außenseite des Hauses, vorgenommen. Er war seiner Meinung treu geblieben, was ihm und seinen Vorfahren recht und gut war, musste auch für die nächsten Generationen stimmen. Die Altbauern Franz-Josef, der Franzsepp, und Ehefrau Theresia, Theres genannt, bewirtschafteten den Fohrenhof mit Feld, Wiese und großem Waldanteil mit ihren beiden Söhnen Ambrosius und Leonhard. In den arbeitsreichen Sommer- und Herbstmonaten erhielten sie Unterstützung von den befreundeten Familien Trenkle und Kaltenbach, die in der Nachbarschaft wohnten. Traditionsgemäß standen in den Stallungen zwei stämmige Schwarzwälder Kaltblutpferde, »Hans« und »Fred«. Sie wurden für die schonenden Holzrückarbeiten im Hochwald eingesetzt. In den schneereichen Wintern waren sie eine verlässliche Kraft, die mit dem hofeigenen Schneepflug die Wege zum Hof und um das Haus herum von den hohen Schneemassen frei bahnten. Auf ihre Gesundheit achtete der Bauer ganz besonders. Sie waren sein ganzer Stolz und die wertvollsten Zugtiere im Stall. Mit den beiden stämmigen Ochsen »Fleck« und »Bluam« im Doppeljochgespann wurden die schweren Holzfuhren aus dem Wald zu den Kunden ins Dorf gebracht. Auf diese beiden robusten Zugtiere konnte sich der Altbauer verlassen. Sie ließen ihn nie im Stich, und war die Last auch noch so schwer. Die Hofübergabe im Schwarzwald wurde früher nach alten, ungeschriebenen Gesetzen vollzogen. Während andernorts dem erstgeborenen Sohn das Recht auf den Hof zustand, setzte der alte Fohrenhofbauer Franzsepp seinen jüngsten Sohn Leonhard als Erbe auf dem Hof ein. Das hatte mehrere Gründe. Zunächst brauchte der Bauer nicht so schnell ans »Aufgeben« denken, und die später Geborenen mussten die Füße nicht unter den Tisch des ältesten Bruders strecken, sondern genossen weiterhin die ganze elterliche Sorge und Rechte, was für sie auch sehr bequem war. Die älteren Geschwister hatten zwar die Gelegenheit, sich außerhalb des Hofes eine eigene Existenz zu suchen. Aber nicht selten blieben sie als Knechte und Mägde des jüngsten Bruders daheim. Blieben sie unversorgt, das heißt, kamen sie nicht durch Heirat zur eigenen Familie, so durften sie das »Wohnrecht« bis an ihr Lebensende in Anspruch nehmen. Dies bedeutete aber in vielen Fällen eine Last für den Hoferben. So kam es, dass nach dem Willen des Altbauern, nicht Ambrosius, der Brosi, als Erstgeborener den Fohrenhof beerbte, sondern sein jüngerer Bruder Leonhard. Dieser heiratete Walburga, eine Bauerntochter aus dem Nachbarort. Nach der Hofübernahme durch seinen Bruder Leonhard wohnte Ambrosius noch einige Jahre im elterlichen Haus. Schon vor der Hofübernahme seines Bruders hatte sich Ambrosius gerne vor der Mitarbeit auf dem Hofe gedrückt. Gleich danach lehnte er jegliche Unterstützung bei den täglich anfallenden Arbeiten ab. So blieb es nicht aus, dass zwischen den beiden Brüdern immer öfter Zwistigkeiten und Querelen entstanden, sodass der Brosi aus dem elterlichen Haus auszog und sich im Nachbarort einer anderen Arbeit widmete. Aus Leonhards Ehe gingen die beiden Söhne Robert und Florian hervor. Somit lebten drei Generationen unter einem Dach, wie es auf vielen Bauerngehöften üblich war. Die häuslichen Einrichtungen blieben in ihrem Ursprung unverändert erhalten, auch wenn die Arbeit mit ihnen umständlich und mühsam war. Durch die kleinen Butzenfenster konnte nur wenig Tageslicht in die niederen Räume und Kammern dringen. Die von Ruß geschwärzte Küche war, wie schon seit Generationen, auf einfachste Weise eingerichtet. Hoch oben über dem gemauerten Herd hingen im offenen Kamin an schwarzen Holzbengeln mehrere Schinken, Speckseiten und Ripple von dem selbst geschlachteten Mastschwein zum Räuchern. Der durch die vielen Jahren, durch allmähliches Austreten uneben gewordene Küchenboden bestand aus riesigen Sandsteinquadern. Sowohl der alte Kachelofen in der Stube als auch der große Backofen, der an der Außenwand des Gebäudes angebaut war, wurden von der Küche aus befeuert.

Altbauer Franz-Josef und seine Frau Theresia, beide über achtzig Jahre alt, verbrachten ihren bescheidenen Lebensabend im Kreise der jungen Familie. Eine kleine Kammer neben der großen Stube im Erdgeschoß war gleichzeitig ihr Schlaf- und Aufenthaltsraum. Hierher zogen sie sich zurück, wenn es ihnen in der großen Stube zu laut wurde. Auch wenn ihre Kräfte es nicht mehr zuließen, sich wie früher in das tägliche Hofleben einzubringen, so waren sie doch noch eine wertvolle Stütze bei der Verrichtung kleinerer Arbeiten. Franzsepp ließ es sich nicht nehmen, die Schafe zu betreuen und täglich nach dem Rechten zu sehen. Beim Füttern auf der Weide liefen sie ihm hinterher wie kleine Kinder ihrer Eltern und wussten, dass gleich ein Stück trockenes Brot für sie abfallen würde.

Theres, die Altbäuerin, beschäftigte sich noch gerne mit der Gartenarbeit und der Blumenvielfalt im Garten und im Hof. Die große Hühnerschar, die sich auf dem ganzen Hofareal frei bewegen konnte, lag ihr sehr am Herzen. Die Fütterung und die Kontrolle der eigenen Nachzucht mit der Glucke, die jedes Jahr ein Nest voller Eier mit bis zu 15 Küken ausbrütete, gehörten zu ihren täglichen Aufgaben. Kam sie mit dem

Futterkübel unterm Arm zur Fütterung über den Hof gelaufen, war sie im Nu von ihrer glücklichen Hühnerschar umringt. Ihr Leben verlief einfach, war bescheiden oft hart aber doch beschaulich. Selbst nach einem Tag mit schwerer Arbeit ließ es sich Altbäuerin Theresia nicht nehmen, in der kleinen Hofkappelle dem Herrgott mit einem kurzen Gebet zu danken und ihn um den Schutz der Familie anzuflehen. Ihre beiden Enkel Robert und Florian wuchsen heran und wurden schon als Kinder eine wichtige Hilfe bei den anfallenden Arbeiten auf dem Hofe, wenngleich sich Flori vor der Arbeit gerne drückte und Robert alleine die Arbeit verrichten ließ. Zu gerne lungerte er im Dorf herum und streunte mit anderen Burschen, deren Eltern keine eigene Landwirtschaft als Haupterwerb besaßen, durch die Gegend.

Einem alten Brauch zufolge lud die Fohrenhofbäuerin im Herbst, wenn die Ernte eingebracht war und Keller, als auch die Scheune mit den Wintervorräten wieder gefüllt waren, alle Erntehelferinnen und -helfer zu einem gemütlichen und reichhaltigen »Herbstschmaus« (großes Essen) in die große Bauernstube ein. Bei reichlich Essen und Trinken unterhielten sich die Alten in geselliger Runde bis weit nach Mitternacht miteinander. Jakob und das Annele, die Kinder von Wilhelm und Rosina, vertrieben derweil die Zeit mit den beiden Jungen des Hofes, Robert und Florian, mit verschiedenen Karten- und Brettspielen.

In den langen Wintermonaten beschäftigte sich die Bäuerin Theresia in der warmen Stube mit dem Stroh-flechten und fertigte daraus selbst genähte Stroh-schuhe, die in den kalten Wintermonaten von allen gerne getragen wurden. Das hierzu verwendete Stroh stammte vom eigenen Roggen, der nach der Ernte von den benachbarten Männern von Hand mit dem Dreschflegel gedroschen wurde. Dadurch blieben die Strohhalme unbeschädigt, sodass sie in ihrer gesam-ten Länge zum Flechten verwendet werden konnten. Die Lieblingsbeschäftigung der Altbäuerin Theresia war aber das Stricken von Socken mit der selbst ge-sponnenen Wolle von den eigenen Schafen. Ihr Mann Franzsepp spaltete aus dem der Länge nach zu recht gesägten Fichtenholz die Schindeln, die zur Abdich-tung des Daches mit den alten Dachziegeln erforder-lich waren. Jedes Frühjahr musste das Dach mit ihnen ausgebessert werden. Für neue Kehrbesen auf dem Hofe sorgte ihr Sohn Leonhard. Von den gefällten Bir-ken schnitt er im Herbst die feinen Reisigruten zurecht und legte sie daheim auf Vorrat an. An kalten Winter-tagen schnitt er das Reisig in der Küche zurecht und band es zu strapazierfähigen Besen zusammen für das kommende Jahr. Mit dünnen Schleizen, also Rie-men, von den gerade gewachsenen Haselnusshecken abgetrennt, umwickelte Leonhard mehrfach die Rei-sigbündel zu stabilen Besen. Bei den hohen Schnee-mengen war das Arbeiten im Wald und auf den Fluren nicht möglich. Das war für die Menschen auf dem Bauernhof die Zeit, sich von der anstrengenden Arbeit in den Sommermonaten zu erholen. Es mussten jetzt auch kleinere Reparaturen im Hause und in den Stallungen vorgenommen werden. Einem alten Brauch zufolge, trafen sich die Nachbarsleute mit Kind und Kegel ab und zu an den langen Winterabenden in der großen Stube des Fohrenhofes. Ein alter Brauch, der »zum z'Liächt gehen«, genannt wurde. Der alte Kachelofen mit seiner breiten Ofenbank auf drei Seiten war ein beliebtes Plätzchen der alten Bauersleute und bot in der kalten Jahreszeit eine wohlige Wärme. Die große Stube war der einzige Raum, der beheizt war im Hause und daher auch der Aufenthaltsort nach getaner Arbeit für die ganze Familie. Für Jung und Alt waren diese geselligen Unterhaltungsabende eine willkommene Möglichkeit, die Freundschaft zu den Nachbarsleuten, auf deren Hilfe die Bauersleute vom Sommer bis zur herbstlichen Erntezeit angewiesen waren, zu pflegen. Das kam auch jedes Mal den Kindern sehr entgegen, die bis in die späte Nacht hinein dabei sein durften. Gemeinsam vertrieben sie sich die Zeit im tiefen Schnee. Im Sommer fanden sie andere vergnügliche und lustige Spiele auf dem großen Hof. Das war auch der Grund dafür, dass Jakob und seine Schwester Annele jede freie Zeit mit Florian und Robert zusammen verbrachten.

Kinderzeit von Florian
und Robert

Nicht selten lebten auf den Bauerngehöften bis zu
vier Generationen unter einem Dach. Die Pflege der
Großeltern oder Urgroßeltern, die bis zu ihrem Tode
auf dem Hofe lebten, war für die Nachkommen eine
Selbstverständlichkeit. Testamentarisch wurden ihnen Naturalien für den Lebensbedarf aus den Er-
zeugnissen des Hofes zugesichert. Für Leonhard und
Walburga waren die ersten Jahre ihrer beiden Buben
Florian und Robert sehr anstrengend gewesen. Neben
ihrer üblichen Arbeit im Haushalt und auf dem Hofe
durften sie die zwei aufgeweckten Jungen, Florian war
nur zwei Jahre älter als Robert, nie aus den Augen verlieren. Einer rannte dem Anderen nach, egal, wohin es
auch ging. Angst kannte keiner dieser beiden. Florian,
der Ältere, war schon als Kind lebhaft, quirlig und
kaum zu bändigen, wenn er sich etwas in Kopf gesetzt
hatte. Auf dem Hofe gab es gar viele interessante Spiel-
möglichkeiten, die für ein Kind nicht ungefährlich

waren. Was Flori vormachte, versuchte Robert, ihm gleichzutun. Da blieb so mancher Lausbubenstreich nicht aus. Robert wollte lieber bei den jungen Kälblein im Stall sein oder mit den jungen Kätzchen spielen. Florian jedoch schnippelte am liebsten mit dem Messer an einem Stück Holz herum. Schnitt er sich dabei in den Finger, was nicht selten vorkam, und sah sein eigenes Blut, heulte er fürchterlich und rannte zur Mutter, die ihrem wehleidigen Buben einen großen Verband anlegen musste. So war dann die kleine Sache auch schnell wieder vergessen.

Sehr lebhaft ging es zu beim Spielen im großen Sandkasten, wenn die beiden Nachbarskinder Jakob und Anna, Annele genannt, dabei waren, zu. Zu gerne zerstörte der Flori die schönen Sandkuchen, die das Annele mit großem Eifer für alle gebacken hatte. Robert half ihr immer wieder, mit den kleinen Holzformen neue Sandkuchen zu formen. Nicht selten kam Walburga hinzu und musste unter den Kontrahenten der Rasselbande schlichten, vor allem dann, wenn die gegenseitige Zerstörungswut kein Ende nehmen wollte. Doch ganz schnell kehrte wieder Ruhe ein, und es ging mit anderen Spielen weiter. Bei Arbeiten auf dem Felde waren die beiden Buben Flori und Robert stets dabei, wenn es das Wetter zuließ. Schon in ihrem frühen Kindesalter wurden sie zur Mithilfe bei verschiedensten Arbeiten herangezogen. Mit einer Selbstverständlichkeit vergrößerten sich diese Arbeiten, entsprechend ihrem Alter. Mithilfe von Kindern bei täglich anfallenden Arbeiten auf dem Hofe war nichts Außergewöhnliches. Sie lernten daher sehr früh das Leben in und mit der Natur kennen sowie den Umgang mit den Tieren und das arbeitsintensive Leben in der Landwirtschaft und auf dem elterlichen Bauernhof. Robert zeigte schon in seiner frühen Jugend mehr Interesse an der Landwirtschaft und dem Forstbetrieb seiner Eltern. Sein älterer Bruder dagegen wollte von der anstrengenden und umfangreichen Arbeit auf dem Bauernhofe nicht viel wissen.

Die Nachbarskinder
Jakob und Annele

Rosina, Rosele gerufen, die Mutter von Jakob und Anna, liebte die Natur und die Pflanzenwelt mit ihrer wechselnden Schönheit, ihrer Vielfalt in der Blütenpracht schon von Kindheit an. Diese Liebe und dieses Interesse an der Natur gab sie ihren beiden Kindern bei den vielen Wanderungen in Wald und Flur weiter. An der Hand ihrer Mutter und ihrem Brüderchen Jakob hinterher laufend, erlebte das Annele mit nicht mal drei Jahren die Vielfalt der Natur. Kaum zwei Jahre später lief sie nicht mehr neben ihrer Mutter her. Sie durchstöberte mit Jakob den Wald in der Nähe ihres Elternhauses. Als wissbegieriges Mädchen lernte sie von der Mutter schon sehr früh die verschiedenen Sträucher und Pflanzenarten kennen, die im Gelände und am Wegesrand wuchsen und blühten. Ihr Bruder Jakob interessierte sich mehr für die verschiedenen Baumarten. Im hohen Tannenwald konnte ihm seine Mutter den Unterschied von der weißen Tanne und der roten Fichte mit ihren positiven Eigenschaften für die Bienen und das Eichhörnchen erklären. Im oberen Teil des Bergwaldes zeigte sie ihnen die verschiedenen Buchen, Birken, Eichen, Ahornbäume und Kastanienbäume, die ganz besonders Jakob faszinierten.

Oftmals kamen die beiden Buben Robert und Florian aus der Nachbarschaft zum Annele und ihrem Brüderchen Jakob und fragten die Eltern, ob die zwei zum Spielen zu ihnen auf den Hof mitkommen dürfen. Es war für sie jedes Mal ein Erlebnis, mit den kleinen Zicklein zu spielen, im Stall dem jungen Kälblein die Hand zum Lecken hinzuhalten und den wenige Tage alten Lämmlein zuschauen zu dürften. Eines Tages brachte der Bauer Leonhard, Roberts und Florians Vater, ein Rehkitz auf dem Arm mit auf den Hof, das sie bewundern durften. Noch nie zuvor hatten sie die Gelegenheit, ein junges Reh aus nächster Nähe zu sehen und streicheln zu dürfen. Auf dem Heimweg vom Wald fand Leonhard am Wegesrand ein totes Mutterreh liegen, das vermutlich von einem größeren Hund gerissen wurde. Nach kurzer Suche entdeckte er das Rehkitz unweit davon im Gras. Das Jungtier hätte die folgende Nacht ohne jeglichen Schutz nicht überlebt. Für den herumstreunenden Fuchs als gieriger Fleischfresser wäre das hilflose Rehkitz eine leichte Beute gewesen. Gar oft schnappte er sich in den Jahren zuvor die eine oder andere Henne auf der Wiese und verzog sich ins Gebüsch mit ihr. Leonhard wollte aus reiner Tierliebe das wehrlose Tier nicht seinem Schicksal überlassen. Durch die mühsame Handaufzucht gewöhnte sich das Rehkind sehr schnell an die Menschen und lief allen hinterher. Mit viel Liebe und Fürsorge wurde es auf dem Hof in die Schar der Geißen und Schafe integriert. Dort spielte es mit den gleichaltrigen Zicklein. Schnell wurde es das Lieblingstier der Kinder auf dem Hofe.

Im gesamten Waldgebiet bis zum nahen Wasserfall kannte Rosina jeden Weg und Steg bis hoch zum angrenzenden Moorgebiet. Das Leben im Wald zu den verschiedenen Jahreszeiten, die Pflanzen, die Tieren und die Vogelwelt brachte die Mutter in liebevoller Weise ihren Kindern näher. Annele erkannte am Gesang und Gezwitscher mittlerweile so manche Vogelart. Jakob suchte bei den Spaziergängen durch den Wald immer wieder nach neuen Baumsämlingen, Jungpflanzen, die er mit nach Hause nahm und sie am Gartenzaun entlang in den Boden pflanzte. Voller Stolz pflegte er so seinen eigenen kleinen Baumbestand bei sich daheim, der von Jahr zu Jahr immer höher wurde. Den täglichen Schulweg gingen die Kinder vom Fohrenhof und die Nachbarskinder oftmals gemeinsam. Da sie sich mit den Eltern sehr häufig im Wald aufhielten, hatten sie keine Angst, den weiten Weg zur Dorfschule, der auch durch den Wald führte, zurückzulegen.

Von der Schule zurück, musste sich Jakob sehr oft schleunigst umziehen. Bei ihm blieb selten eine Hose für längere Zeit heil, sodass seine Mutter Rosina viel Zeit mit Hosenflicken verbringen musste. »Lieber schön geflickt als wüst zerrissen«, sagte die Mutter dann zum Annele. Oft kam der lebhafte Jakob mit zerrissener Hose und Löchern über den Knien nach Hause. Seine Mutter nähte kurzerhand einen »Spatten«, ein Stoffteil darüber, nicht selten mit einem anderen Stoff. Den Jakob störte das überhaupt nicht, auch wenn seine Freunde ihn auslachten. Annele schaute ihrer Mutter sehr gerne beim Nähen zu und war erstaunt, wie schnell die Nadel der Nähmaschine sich bewegte. Sie fand es lustig, wie sich auf der Nähmaschine das hölzerne Fadenröllchen drehte, sobald ihre Mutter mit den Füßen das große Rad in Bewegung setzte. Stolz zeigte das Annele gerne beim Spielen ihre neue Schürze, die ihr die Mutter genäht hatte. Ihr Interesse am Nähen war auch ausschlaggebend bei der Wahl ihres Berufes. Sie begann nämlich eine Ausbildung bei einer Damenschneiderin im Dorf.

Ein schweres Gewitter zieht auf

Ein heißer und trockener Sommer zog ins Land. Tag für Tag zeigte sich die Sonne am wolkenlosen Himmel in sengender Hitze. Die Bächlein versiegten zunehmend und die Fische schwammen kümmerlich im seichten Wasser umher und suchten nach tieferen Stellen. Die Blumen am Bachrand ließen traurig ihre Blütenköpfchen hängen und die unreifen Kornähren im Felde schmachteten nach kühler Labung. Leonhard, der Fohrenbauer, ging bekümmert durch die bleichenden Saaten und flehte zum Himmel hoch: »Schau, lieber Gott, ich habe getan, was ich tun konnte. Habe im Frühjahr gepflügt und gesät und die keimende Saat mit aller Sorgfalt bedacht. Du hast sie bewahrt vor Verderben, und wir Menschen freuen uns über die gesegneten Fluren. Sei uns nun auch ferner gnädig. Gib den Feldern Regen, sodass ihre Pflanzen und Früchte nicht verdursten. Unser täglich Brot gib uns heute.« Das hörte der liebe Gott und erbarmte sich des bekümmerten Bauern. Bald türmten sich gewaltige Wolken auf. Die Luft wurde schwül und die Hitze drückend. Menschen und Tiere atmeten schwer. Immer niedriger flogen die Schwalben. Durch die aufkommende Schwüle flogen die Insekten immer tiefer in die unteren Luftschichten. Der Himmel bedeckte sich zusehends mit dunklen Regenwolken. Still lag die ausgetrocknete Natur und lauerte auf Regen. Die tief hängenden Wolken trieben schneller. Immer dunkler wurde der Himmel und schwarz das Gewölk. Wirbelnd trieb der Wind den Staub durch die Luft. Ein Wanderer, besorgt durch das herannahende Gewitter, eilte zum nächsten Haus, das an seiner Wanderstrecke in sichtbare Nähe lag und suchte Schutz unter seinem Dach. Die Dorfstraße, die zuvor noch belebt war, wirkte plötzlich geisterhaft und menschenleer. Die Äste an den Bäumen schwankten immer stärker. Der Sturm wurde heftiger. Dumpf grollte der Donner in der Ferne, und Blitze erhellten den dunklen Himmel. Es fielen die ersten großen Regentropfen. Das Gewitter kam immer näher. Gewaltige Donner krachten nach den aufleuchtenden Blitzen. Man hatte das Gefühl, als ob die Erde bald beben würde. Plötzlich öffnete der Himmel seine Schleusen. Der erhoffte Regen prasselte in übermäßiger Fülle auf die Erde nieder. Bange Minuten vergingen, als die aufgrellenden Blitze und Donner in kurzen Abständen die Menschen immer wieder erschrecken ließen. Beim Altbauer Franzsepp rief das Geschehen schreckliche Bilder aus seiner Hirtenbubenzeit wieder in die Erinnerung. Als Hirtenbub wurde er für mehrere Jahre von seinen Eltern auf einen kinderlosen Bauernhof geschickt. Von der Weide aus, mitten in der Kuhherde, musste er mit ansehen und erleben, wie der Bauernhof durch einen Blitzschlag im aufkommenden Gewitter völlig niederbrannte. Leute kamen zu ihm auf die Weide und blieben bei ihm und der Viehherde die ganze Nacht hindurch. Für ihn, als kleiner Bub, ein unvergessliches Erlebnis, das ihn noch lange Zeit danach sehr beschäftigte.

Die Not lehrt Beten

Nun stand Franzsepp am Hauseingang und schaute beängstigend dem Unwetter zu. Er ahnte Schreckliches. Seine Ehefrau Theresia bat alle Leute im Hause zu sich in die große Stube. Aus der Kammer brachte sie eine alte, vergilbte, mit einer Schnur gebundene Papierrolle, die sie langsam ausrollte. Es folgte ein alter Brauch. Andächtig lauschten ihr die Leute, die um Theresia herumstanden, ihren Worten. Als gutgläubige Christen vertrauten sie dem Herrgott und baten ihn, im Gebet erhört zu werden. Mit andächtigen und ruhigen Worten verlas die Altbäuerin den seit vielen Generationen überlieferten »Haus- und Wettersegen«, wie es schon ihre Mutter bei aufkommenden Unwettern im Familienkreise praktizierte. Das Bittgebet an den Wettergott, um Schutz für Hab und Gut zu erflehen, hatte den folgenden Wortlaut:

»Du gütiger Vater in der Höhe, du großer, liebreicher und getreuer Menschen – Hüter! Du Hüter Israel, der

du weder schläfst noch schlummerst! Dir befehlen wir unsern Ausgang und Eingang, unsern Leib und Seel, unser Haus und Hof, unser Hab und Gut. Hilf deinem Volk! Wehre den Ungewittern, wende ab alle Seuchen und Krankheiten! Behüte uns alle vor Feuersbrunst und Wassernot, vor Pestilenz und vor einem bösen, bittren Tod! Und segne dein Erbe, weide sie, beschütze und erhöhe sie ewiglich! Segne auch unser ganzes Haus. Behüte die Wachenden, erhöre die Betenden, beschirme die Schlafenden! Schaffe ihnen Zuflucht unter dem Schutze deiner Flügel, bis das Unglück vorüber gehe!

Ach Gott, segne du unsere Kinder wie die Kinder Josephs, Ephraim und Manasse! Segne und beschütze unser Gesinde, Knechte und Mägde wie den Knecht Abrahams, der Eliser! Segne unser Vieh und beschütze die Herde wie die Herde Jakobs! Segne unsere Güter auf dem Feld, wie der Acker Isaks zu Gera, dass sie tragen hundertfältig Früchte! Segne unsere Nahrung, Speis und Trank, tue doch auf die Fenster des Himmels, und schütte deinen Segen über uns herab die Fülle! Segne die, Zeitlich und Ewiglich. Wehre den Ungewittern! Wende ab alle Seuchen und Krankheiten von Mensch und Tier. Amen.«

Unaufhörlich prasselte immer noch der Regen auf die Erde nieder. Es überfluteten die kleinen Bäche, die in reißenden Fluten zu Tal stürzten. Nur langsam und allmählich ließen die Blitze nach, und der Donner wurde schwächer, bis er schließlich nur noch aus der Ferne zu hören war. Umso heftiger aber fiel der Regen in übermäßiger Stärke und in Strömen nieder. Noch wagte sich niemand vor die Haustüre. Nur Bauer Leonhard ging vor die Türe und schaute mit bedächtiger Miene nach seinen bestellten Feldern in der Hanglage. Mit Bedenken stellte er fest, dass dieser Schlagregen einigen Schaden auf den Feldern verursacht hatte. Nach einem Wettersturz mit übermäßigem Niederschlag gab es immer viel zu tun, um die ausgeflötzten Wege wieder instand zu setzen. Unzählige Wasserrinnen auf den Feld- und Waldwegen mussten vor dem nächsten großen Regen frei geschaufelt werden. Diese Herbstgewitter verursachten mit den starken Niederschlägen, die nicht selten in Hagel niedergingen, gar oft große Schäden auf den Fluren. Umfangreiche Feldarbeiten von Wochen und Monaten wurden so in wenigen Stunden zunichte gemacht. Umso weniger konnte der Altbauer Franzsepp die Haltung und Einstellung des Dorfpfarrers zur landwirtschaftlichen Arbeit, die in der Erntezeit doch überwiegend witterungsbedingt und wetterabhängig war, verstehen. Beim Sonntagsgottesdienst verkündete er nämlich den Bauersleuten von der Kanzel unmissverständlich mit dem alten Spruch: »Gottes heilig Gebot, geht vor der Menschen Not«, das Verbot, an Sonn- und Feiertagen zu heuen und zu ernten. Bei dieser Verordnung ließ sich weder das bischöfliche Ordinariat noch das Bezirksamt umstimmen. Wenn auch die Bauersleute diese uneinsichtige Einstellung der christlichen Obrigkeit nicht verstehen konnten, folgten sie doch der sturen Beharrlichkeit, trotz der nachteiligen Tatsachen. Durch ihre Angst vor strafrechtlichen Folgen bei Nichteinhaltung dieses Verbots verzichteten die gottesfürchtigen Bauersleute auf das Einbringen des trockenen Heus am Sonntag. Dabei wäre die Sonntagsarbeit sehr angebracht gewesen, wenn plötzliche Wetterstürze aufkamen. Das trocken eingebrachte Heu und die trockene Getreideernte waren doch die Lebensgrundlage der Landbevölkerung gewesen. Das kümmerte jedoch zur damaligen Zeit zum Leidwesen der Menschen, die darauf angewiesen waren, das kirchliche Oberhaupt und das Bezirksamt nicht.

Schulzeit und Einstieg
in das Berufsleben

Den Weg zur Schule gingen die Kinder des Fohrenhofes und der Nachbarsfamilien Trenkle und Kaltenbach bis zum Ende ihrer Schulzeit stets zusammen. Gemeinsam legten sie den weiten Schulweg Tag für Tag bei Wind und Wetter zu Fuß zurück. Selbst im Winter bei eisiger Kälte stapften sie schon frühmorgens durch den tiefen Schnee, noch bevor ihr Schulweg von den hohen Schneemassen befreit und gebahnt wurde. Auf ihrem Nachhauseweg machte sich Robi, so wurde Robert von seinen Schulkameraden genannt, oft einen Spaß daraus, Anneles Schulranzen vorne auf der Brust und seinen eigenen wie gewohnt auf dem Rücken zu tragen. Dagegen hatte Annele natürlich nichts einzuwenden. Robert war ein kräftiger Bursche und zwei Jahre älter als das schmächtige Annele. Seitlich baumelten an den beiden Schulranzen die feuchten Schwämme und darüber hingen an einer kürzeren Schnur die Kissen, die zum Trocknen der Schiefertafeln gebraucht wurden.

Jakob und Florian, auch Flori genannt, waren gleichaltrig und beendeten ihre Volksschulzeit zur selben Zeit.

Stefan Kaltenbach vom unteren Hof war der Älteste von allen. Er verließ als Erster die Gruppe und begann nach Beendigung der Schulzeit eine Schreinerlehre in Triberg.

Jakob Trenkle, ein Naturbursche vom Nachbarhof, bemühte sich frühzeitig, eine geeignete Ausbildungsstätte für seinen Lieblingsberuf »Förster« zu finden. Beim Forstbezirk Furtwangen konnte er sofort nach Beendigung der Volksschule eine Lehrstelle antreten.

Flori dagegen hatte keine Lust, sofort nach Beendigung der Schulzeit weitere drei Jahre die Schulbank zu drücken. Von einer beruflichen Weiterbildung wollte er zunächst nichts wissen und bemühte sich auch nicht um eine Lehrstelle. Seinen Eltern gefiel Floris Einstellung gar nicht, sodass sich sein Vater Leonhard selbst bemühte, eine Lehrstelle für ihn zu finden. Flori war für seine Eltern bei der Arbeit auf dem Hofe noch nie eine große Unterstützung gewesen. Im Gegensatz zu seinem Bruder Robert wollte er von der Arbeit nichts wissen und schlich sich zu gerne davon, wenn es galt, mit anzupacken. Zu gerne lungerte Flori im Dorf mit anderen Burschen herum, die daheim nichts zu tun hatten, während sein Bruder Robert den Eltern fleißig bei den anfallenden Arbeiten mithalf und sie unterstützte, wo er konnte.

Damit aus Flori später einmal ein ordentlicher Kerl mit einem bodenständigen Beruf werden würde, hatte Leonhard durch seine gute Beziehung zu einem ehemaligen Klassenkameraden, der ein Zimmerergeschäft betrieb, seinem Sohn eine Lehrstelle als Zimmerer besorgt. Mit Widerwillen trat Flori diese Lehrstelle an. Er wurde kein beliebter Arbeitskollege. Seine Unlust und Desinteresse an den täglichen Arbeiten setzte sich auch in der Lehre fort. Schon ab dem zweiten Lehrjahr wurde er immer unzuverlässiger. Mehrmals blieb er der Arbeit unentschuldigt fern und streunte in der Gegend umher, sodass ihn sein Lehrmeister wiederholt ermahnen musste.

Bei den Mädchen trumpfte er sich mit seinem burschikosen Verhalten und seinem lockeren Mundwerk auf, so als wäre er der Größte im Dorf. So gewann er auch die Gunst des unbedarften Annele vom Nachbarhof. Mit ihr spielte Flori ein falsches Spiel. Durch ihre gutmütige und naive Art vertraute sie ihm schon sehr bald. Nur dem guten Einvernehmen zwischen dem Lehrherrn und seinen Eltern hatte er es zu verdanken, dass er die Lehre in diesem Betrieb zu Ende bringen durfte. Sein Lehrmeister pflegte schon seit vielen Jahren eine positive Geschäftsverbindung im Holzhandel mit dem Fohrenhof. Mit großem Glück und auf starkes Drängen seines Vaters schaffte Flori trotz des mehrmaligen Fernbleibens von der Arbeit doch noch die Gesellenprüfung – sehr zur Erleichterung seiner

Eltern. Ihn im Lehrbetrieb als Geselle weiter zu beschäftigen, war sein Lehrmeister jedoch nicht gewillt und händigte ihm nach bestandener Prüfung den Gesellenbrief und das Lehrzeugnis aus. Bei der Verabschiedung wünschte ihm der Lehrmeister für seinen weiteren Lebensweg viel Erfolg und einen ehrbaren Handwerkersinn in seinem Berufsstand. Den Grundstein dafür wurde ihm vorbereitet und fürsorglich gelegt. Was er nun darauf aufbaute, lag an ihm selbst. Für Flori waren das alles leere Worte, die er nie beherzigte. An ein regelmäßiges und zuverlässiges Arbeiten würde er sich nie gewöhnen können. Daher bemühte er sich auch nicht um eine weitere Arbeitsstelle in seinem erlernten Beruf. Tagsüber lungerte er im Dorf herum und holte seine Freundin Annele nach deren Feierabend von ihrer Arbeitsstelle ab. Daheim schuftete sein Bruder von morgens bis abends mit dem Vater im Wald bei Holzfällerarbeiten, während sich Flori mit Annele vergnügte. Auf Annele hatte aber auch Robert schon lange ein Auge geworfen, sich jedoch nicht getraut, sie anzusprechen.

Mehrere Monate dauerte dieser Zustand an, bis es Robert zu viel wurde und es zu einer heftigen Auseinandersetzung mit Flori kam. Robert blieb nach Beendigung der Volksschule daheim auf dem Hof, den er später mal übernehmen würde, und besuchte anschließend zwei Jahre die landwirtschaftliche Berufsschule. Seine Arbeitskraft wurde dringend gebraucht.

Im Gegensatz zu Flori stand er seinem Vater tatkräftig zur Seite und zeigte Interesse am landwirtschaftlichen Betrieb, während sein Bruder sich davon schlich und nicht wusste, wie er den Tag verbringen sollte. Trotz mehrfachen Bitten seines Vaters, seinem Bruder Robert bei den täglichen Arbeiten in den Stallungen und auf dem Felde zu helfen, verließ Flori oftmals schon am Morgen den elterlichen Hof und kam erst spät abends wieder heim. Das führte sehr bald zwischen den beiden Brüdern zu einem gespannten Verhältnis. Flori kümmerte das alles zwar nicht, streckte aber trotzdem seine Füße täglich unter Vaters Tisch. So genoss er noch einige Zeit sein verwerfliches Lotterleben. Auf die Dauer konnte das nicht gut gehen.

Immer öfter gerieten die zwei Streithähne aneinander und beschimpften sich gegenseitig. Gerne prahlte Flori in Roberts Gegenwart mit seiner Beziehung zum Annele, die seine große Liebe sei. Damit stellte er seinen Bruder jedes Mal auf eine große Geduldsprobe. Nicht selten mischte sich ihre Mutter Walburga ein und schlichtete zwischen den beiden Hitzköpfen. Leonhard duldete dieses Lotterleben seines Sohnes ebenfalls nicht mehr länger und forderte ihn auf, sich sinnvoll zu beschäftigen mit dem ermahnenden Hinweis: »Florian, begreife jetzt endlich mal den Ernst deines Lebens und bemühe dich nun um eine ordentliche Arbeit. Hast nun einen vernünftigen Beruf erlernt und schau, dass du dein Leben in Griff bekommst.«

Das waren zwar gut gemeinte Worte, die bei Flori jedoch nicht ankamen. Auch der Großvater Franzsepp versuchte, seinem Enkelsohn den Ernst des Lebens klar zu machen. Mit dem alten Sprichwort: »Der Erfolg in deinem Leben hängt nur von deiner Hände Arbeit ab«, ermahnte er ihn und forderte Flori eindringlich auf, sein Leben mit dem ehrbaren erlernten Handwerk in Griff zubekommen.

Aber alle guten Ratschläge schlug der an das Lotterleben gewohnte Handwerksbursche und Bauernsohn in den Wind. Allmählich schien der Familienfrieden auf dem Fohrenhof durch Floris Verhalten in Gefahr zu geraten. Robert und sein Vater verrichteten jeden Morgen vor dem Frühstück die umfangreichen Stallarbeiten, während der jüngere Sohnemann noch seelenruhig in seinem Bett schlief. Selbst das gute Zureden seiner Mutter Walburga, die viel Geduld zeigte, brachte ihn nicht aus der Ruhe. Was dem Flori nicht gefiel und worüber er sich ärgerte, waren immer wieder die mahnenden Worte seines Großvaters, »er solle dem Herrgott nicht noch länger den Tag stehlen, während andere Leute arbeiten und schuften.«

Dieses Nichtstun und das Herumlungern vom Flori konnte Franzsepp nicht begreifen und ließ ihm daher keine Ruhe mehr. Annele, seine Freundin, die mit viel Freude und Fleiß eine Damenschneiderinnenlehre absolvierte, konnte ihn ebenfalls nicht dazu zu bewegen, eine vernünftige Arbeit auf Dauer zu suchen.

Auf ihren Vater Wilhelm war Flori nicht mehr gut zu sprechen, seit dieser ihn eines Abends fragte, nachdem Flori mit dem Annele heimkam, ob er jetzt endlich eine vernünftige Arbeit gefunden habe. Anneles Eltern gefiel das Lotterleben des Flori ebenfalls nicht.

Flori bandelt mit dem Annele an

Während seine Arbeitskollegen noch auf der Baustelle arbeiteten und schwer schuften mussten, wartete Flori auf Anneles Feierabend, um sie nach Hause begleiten zu können. Bei jeder sich bietenden Gelegenheit versuchte Flori, Anneles Zuneigung zu gewinnen. Ihre zurückhaltende Art und ihr schüchternes Wesen reizten ihn besonders. Dabei bemerkte er aber, dass auch sein Bruder Robert Sympathien für Annele zeigte und ein Auge auf sie geworfen hatte.

Ihn spielte Flori aber beim Annele mit der gebotenen Freizeit, die Robert nicht hatte, aus. Mit seinem burschikosen Auftreten in der Öffentlichkeit fühlte er sich stark und bei den Mädchen angeblich begehrenswert. Bis zur Stunde hatte ihm sein Angebertum in der Gunst bei den Mädchen im Dorf noch keine Vorteile verschafft. Umso mehr suchte er die Nähe vom Annele. Für ihre Mutter war das Anbandeln ihrer Tochter mit dem Flori ein Dorn im Auge. Als Nachbarin kannte Rosa Florians negative Eigenschaften besser als ihre Tochter. Das Annele, ein fleißiges Mädchen und ihr angeblicher Freund, als Hallodri bekannt, passten ihrer Meinung nach nicht zusammen. Mit sanften Worten versuchte Rosa, ihrer Tochter die Beziehung zu Flori auszureden. Sie sei noch viel zu jung für eine feste Bindung. Geblendet von Florians freundlichem Umgarnen, war Anna nicht bereit, der Bitte ihrer Mutter Folge zu leisten. Das würde ihr Flori mit seiner Redegewandtheit ganz sicherlich ausreden. Oft war sie dabei, wenn ihre Eltern den Bauersleuten auf dem Fohrenhof bei anfallenden Erntearbeiten mithalfen. Sie war in ihrer Schulzeit ein ruhiges und bescheidenes Mädchen gewesen. Das änderte sich auch nicht in ihrer frühen Jugendzeit. Sie blieb bescheiden und zurückgezogen und hatte kein Bedürfnis, sich in ihrem Freundinnenkreis hervorzuheben so wie einige ihrer ehemaligen Klassenkameradinnen. Mit verschiedensten Handarbeiten und das Lesen von Büchern vertrieb sie sich ihre Mußestunden. Flori verstand es, mit seiner schmeichelhaften Art das zaghafte und in ihrer Wesensart ruhige Annele zu bezirzen und ihr die schöne Liebe vorzugaukeln. Voller Stolz zeigte er sich mit ihr in der Öffentlichkeit.

In ihrem Lehrberuf als Damenschneiderin hatte Anna großen Erfolg. Mit ihrem freundlichen Wesen und ihrer positiven Lebenseinstellung errang sie bei den Mitmenschen viel Sympathie und fand Anerkennung. Durch ihren Fleiß und Einsatz im Beruf ern-

tete sie bei ihrer Lehrmeisterin viel Lob und Anerkennung. Über ihr Können und Geschicklichkeit bei
ihrer beruflichen Arbeit freuten sich auch ihre Eltern.

Weniger erfreut waren sie von Floris Annäherungs-
versuchen. Ihnen war längst bekannt, dass er im Dorf
dank seinem lockeren Lebensstil nicht den besten Ruf
hatte. Aber immer wieder nützte Flori die Gelegenheit, das Annele nach der Arbeit auf ihren Heimweg
zu begleiten. Ihrem Vater Wilhelm war diese Liebschaft ein tiefer Dorn im Auge. Ihm wäre eine frühe
Verbindung seiner Tochter zu Florians Bruder Robert
lieber gewesen.

Robert konnte nicht verstehen, dass seine Sandkastenfreundin sich von Flori, den er als Schlendrian bezeichnete, so blenden ließ. Darüber war er doch sehr
enttäuscht und traurig. Er wusste zu gut, welche Einstellung sein Bruder in Punkto Ehrlichkeit und Treue
im Umgang mit Mädchen hatte. Ihm selbst fehlte der
Mut, dem Annele seine Zuneigung zu zeigen und sie
vor dem Luftikus Flori zu warnen. Dessen burschi-
kose Art Mädchen gegenüber war ihm fremd. Zu of-
fensichtlich bekam er mit, wie sein Bruder mit Anneles Gefühlen ein unehrliches Spielt trieb, das in vollem
Umfange seinem Lebenswandel entsprach.

Sie selbst bemerkte es jedoch in ihrer Bescheiden-
heit nicht. Umso mehr fiel es Robert schwer, das fal-
sche Getue seines jüngeren Bruders zu sehen und
beobachten zu müssen, wie das zierliche und noch

unerfahrene Mädchen auf diesen Schmeicheleien immer wieder hereinfiel.

Bei einem Dorffest im Nachbarort wurde Flori von Stefan Kaltenbach, einem Nachbarn von Annele, beobachtet, als er mit einem anderen Mädchen frohgelaunt und Händchen haltend sich am Schießstand aufhielt.

Annele war zu Hause und ahnte sicherlich nichts von seinem frivolen Verhalten auf dem Festplatz. Stefan wusste von Florians Freundschaft mit dem Annele. Auch im Dorf war das kein Geheimnis mehr. Umso mehr war er über den gegenwärtigen Lebenswandel Florians, den er schon seit seiner Kindheit kannte, enttäuscht. Das Gefühl, in Florian die große Liebe gefunden zu haben, hielt für Anna zum Glück nicht an. Denn schon recht bald erfuhr sie den wahren Charakter ihres Freundes, als er sie ohne jegliche Nachricht und Hinweis über sein Vorhaben im Ungewissen ließ und sich heimlich aus dem Staub machte. Erst dann gingen Anna die Augen auf und sie erkannte, welch falsches Spiel Flori mit ihr getrieben hatte.

Ein Traum geht in Erfüllung

Nur wenige Tage nach dem Fest verließ Flori eines Nachts mit wenigen Habseligkeiten heimlich und unbemerkt sein Elternhaus. Für seine Mutter Walburga, die sich schon immer sehr fürsorglich um ihn bemüht hatte, bedeutete sein nächtliches Verschwinden, ohne Ankündigung und ohne ihr Bescheid zu sagen, eine herbe Enttäuschung. Auf sie hatte er schon immer eher gehört als auf den Vater.

Bereits als kleiner Bub hatte ihn die Arbeit der Zirkusleute sehr interessiert. Er war begeistert von den farbenfrohen Kostümen und fasziniert von den tollen Kunststücken der Akteure. Bei diesem Treiben einmal mitmachen zu können, war seither sein sehnlichster Wunsch gewesen. Nun endlich setzte er sein Vorhaben in die Tat um und heuerte bei einem gastierenden Wanderzirkus, der im Nachbarort Schonach seine Zelte aufgeschlagen hatte, an. Diese Gelegenheit nützte er spontan aus. Dass er schon einige Tage zuvor bei der Zirkusfamilie vorgesprochen hatte, wussten seine Eltern nicht. Dem Zirkusdirektor war er gerade willkommen, denn Helfer beim Zeltauf- und Zeltabbau und den sonstigen umfangreichen Arbeiten konnte er gut gebrauchen. Sein erlernter Beruf als Zimmerer kam ihm bei den umfangreichen Zeltaufbauten zugute. Für Flori begann zu dieser Zeit allerdings ein Lotterleben, das auch seine Freundin Annele zu spüren bekam. Immer seltener meldete er sich bei ihr. Von seiner Familie und den Leuten im Dorf nabelte er sich völlig ab und ging fortan seinen eigenen Weg. Die freundschaftliche Verbindung zum Annele war ihm plötzlich nicht mehr wichtig. Aus Feigheit mied er es, sich von ihr zu verabschieden und sie von seinen künftigen Plänen in Kenntnis zu setzen. Mehrmals erkundigte sich das Annele, als er sich nicht mehr meldete, nach ihm bei seinen Eltern.

Wenige Monate danach ging die freundschaftliche Bande mit dem ehrbaren Annele durch sein Vagabundenleben für immer in die Brüche. Für sie war sein unverständliches Verhalten eine große Enttäuschung. Auch daheim wussten sie nichts über seinen Aufenthalt.

Bei der Zirkusfamilie hatte Flori nun seinen Kindheitstraum verwirklicht und reiste fortan mit ihr durch die Lande. Die primitive Unterkunft im Zirkuswagen störte ihn nicht im Geringsten. Nur Arbeiter für Zeltauf- und Zeltabbau wollte er jedoch nicht sein. Er wollte unbedingt im Vorstellungsprogramm aktiv mitwirken. Er hatte auch schon genaue Vorstellungen, mit welchen Kunststücken er die Besucher in Staunen versetzen könnte. Unermüdlich und zielstrebig übte er täglich mehrere Stunden, mit den langen, geschmiedeten Messern in einem bestimmten Abstand auf ein mit einer Person bemalten Brett zu werfen.

Diana, eine schlanke Artistin aus der Zirkusfamilie, brillierte mit ihren Kunststücken auf dem Rhönrad. Sie getraute sich als Erste, mit verbundenen Augen und gespreizten Händen und Beinen sich eng vor das aufgestellte, weiße Brett zu stellen. Ihr buchstäblich blindes Vertrauen zu Florians Kunst und Treffsicherheit ließ keine Angst vor einem Fehlwurf hochkommen. Mit seinen gekonnten, jedoch sehr gefährlichen Messerwürfen feierte Flori bald einen beachtlichen Erfolg, den er noch mit einer weiteren Nummer – er liebte das Feuer seit seiner Kindheit – ausbauen konnte. Da reizten ihn das Feuerschlucken und das Flammenwerfen ganz besonders. Dem Zirkusdirektor konnte Floris Begeisterung und Einsatz nur recht sein. Diese beiden Darbietungen kamen als Programmteil bei den Zirkusbesuchern sehr gut an.

Schon als kleiner Junge spielte er gerne mit dem Feuer, wenn auf den Feldern die getrockneten Pflanzenreste verbrannt wurden. Als Hirtebub hantierte er mit dem Taschenmesser seines Vaters, das dieser ihm aus Langeweile zum Rindenschnitzen mitgab, während er die Zeit auf der Weide draußen verbrachte.

Zwei Jahre später bekam er von seinem »Geddi«, dem Paten, zum siebten Geburtstag ein eigenes Taschenmesser geschenkt, mit dem er viel ausprobieren konnte. Darauf war er mächtig stolz. Mit einer Schnur band sich der kleine Flori sein Taschenmesser an seiner Hose fest und führte es in seiner Hosentasche stets mit. Dieses Taschenmesser mit der großen Klinge wurde sein liebstes Spielzeug, mit dem er bereits als kleiner Bub auf dicke und dünne Baumstämme zielte, während er die Kühe auf der Weide hütete. Dabei erlernte er eine Geschicklichkeit im Umgang mit dem Messer, die ihm nun zugute kam.

Flori wurde sofort in die Zirkusfamilie aufgenommen und fühlte sich dort auch richtig wohl. Doch wie viele Künstler musste auch er an allen täglichen Arbeiten wie Zeltaufbau und Zeltabbau tatkräftig mit anpacken. Das störte ihn aber auf einmal nicht mehr.

Zu seiner eigenen Familie auf dem Fohrenhof hielt Flori, seit er mit dem Zirkus durch die Lande tingelte, keine Verbindung mehr. Echte und wahre Freunde hatte er in seinem Heimatdorf keine gefunden. Daher zog es ihn auch zu keiner Zeit in seinen Heimatort zurück.

Durch den Erfolg mit seinen erworbenen Kunststücken bei den Zirkusvorführungen verlor Flori erst recht jegliches Interesse an seinem früheren Zuhause und nabelte sich durch das Zirkusleben völlig vom Elternhaus ab. In dieser neuen Welt fühlte er sich wohl.

Seine Angehörigen daheim wussten nie, wo er sich gerade aufhielt.

Seine Zeit als angehender Künstler und seinen Aufenthalt bei der Zirkusfamilie war allerdings nur von kurzer Dauer. Denn etwas Unerwartetes geschah, das sein Glück und die Hoffnung, ein erfolgreicher Zirkuskünstler zu werden, völlig zerstörte. Als kleiner Wanderzirkus verfügte das Unternehmen nicht über ein geschlossenes Zirkuszelt. Daher war der runde Vorführplatz nach allen Seiten offen.

Während einer Abendvorstellung schlug bei einer Feuershow nach dem Entzünden der aus dem Mund geblasenen Flüssigkeit durch einen plötzlichen Windstoß eine große Flamme in sein Gesicht zurück. Obwohl Flori spontan nach hinten auswich, verbrannte die Flamme einen Teil seiner linken Gesichtshälfte. Dabei verlor er auch sein linkes Augenlicht. Mit dieser enormen Behinderung und dem teilweisen Verlust seiner wichtigen Sehkraft beim gefährlichen Messerwerfen konnte er seine Kunststücke nicht mehr vorführen. Im Programm fehlten nun die gewohnten zwei Zugnummern des Feuerschluckers und des Messerwerfers. Als Artist und Zirkuskünstler war seine Zeit vorbei.

Nicht jedoch als vollwertiges Mitglied in der Zirkusfamilie. Daher duldete der Zirkusdirektor, dass er für einige Wochen krankheitsbedingt von jeglicher Arbeit befreit war. Eine Versicherung als finanzieller

Ausgleich für diese Zeit hatte Flori nicht. Ihm wurde angeboten, nach seiner Gesundung bei der Truppe zu bleiben und als Stallmeister zu arbeiten. Des Weiteren wurde seine berufliche Fähigkeit beim Zeltauf- und Zeltabbau dringend gebraucht. Diesen Vorschlag, nur noch Stall- und Laufbursche zu sein, lehnte Flori dankend ab und verabschiedete sich schweren Herzens von der Zirkusfamilie.

Ohne Geld und ohne Unterkunft erschien er eines Abends wieder auf dem Fohrenhof. Walburga öffnete ihm die Tür und erschrak bei seinem Anblick. Den Eltern hatte er von seinem Pech bei der Zirkusvorstellung nichts mitgeteilt. Er wollte ja beim Zirkus bleiben und nicht mehr nach Hause kommen. Nur zögernd erzählte er seiner Mutter, wie es zu diesem Unglück und der Verletzung kam. Ihr sagte er auch, dass er nur für ein paar Tage bleiben und dann mit anderen Berufskollegen in der traditionellen Zimmermannskluft auf Wanderschaft gehen wolle. Darüber waren seine Eltern erstaunt und wunderten sich über sein Vorhaben.

Die für die Walz erforderlichen fünf Voraussetzungen brachte Flori mit: Er besaß einen Gesellenbrief, war unter dreißig Jahren, unverheiratet, unverschuldet und auch nicht vorbestraft. Als reisender Wandergeselle unterlag Florian der Regel der traditionellen »Fremdschreibung«. Sie beinhaltete das Verbot, sich in der Zeit der Wanderschaft dem Heimatort auf weniger als fünfzig Kilometer zu nähern. Mit Blick auf seinem bevorstehenden Berufsweg ermahnte ihn sein Vater Leonhard eindringlich: »Florian, ich gönne dir die Erlebnisse in der Welt draußen, um Erfahrungen in deinem Beruf zu sammeln, aber gehe als ehrlicher, fleißiger und ehrbarer Handwerksbursche durchs Leben.« Er hoffte, dass Flori sich seine guten Ratschläge zu Herzen nehmen würde. So könnte doch noch ein tüchtiger Handwerker aus ihm werden.

Seiner Mutter Walburga fiel der Abschied von ihrem Sohn, der nun auf eigene Faust sein Leben meistern wollte, sehr schwer. Unbemerkt von ihrem Mann und von Robert, steckte sie Flori am frühen Morgen beim Abschiednehmen eine kleine, finanzielle Starthilfe zu. Mit einem letzten Lächeln im Gesicht bedankte sich Flori bei seiner Mutter, winkte ihr zu und zog von dannen, in eine ungewisse Zukunft.

Diä alt »Hisleri«

Ein altes Mütterlein, das nie bei seinem Namen, der auch nur der älteren Generation bekannt war, genannt wurde, lebte allein, abseits zwischen Nußbach und Triberg in einem kleinen, vom Verfall bedrohten Häusle. Sie war durch ihre Voraussagungen, die oftmals nichts Gutes beinhalteten, in der Öffentlichkeit mehr gefürchtet als beliebt.

Böse Zungen behaupteten, ihr gebücktes Gehen käme durch die Last der bösen Prophezeiungen, die sie den Menschen in ihrer Umgebung bis über die Sommerau, Schonach und Schönwald hinaus vorausgesagt hatte. Diese würden sie immer mehr zu Boden drücken.

Kinder wollten nicht zu nahe an ihr vorbei gehen und machten lieber einen großen Bogen um sie herum. Ihr äußeres Erscheinungsbild glich ihrer Meinung nach eher einer alten Hexe als einem biederen Mütterlein. Von einem kargen Leben war sie gezeichnet.

Sie sprach, wenn sie sich mit jemand unterhielt, nur in ihrem heimischen Dialekt. Auch die erwachsenen Leute gingen ihr meist aus dem Weg und wollten nichts zu tun haben mit ihr. Viele glaubten, sie hätte ihre Freude daran, anderen mit ihren Weissagungen Angst und Schrecken einzujagen. Doch so ganz von der Hand zu weisen waren ihre Voraussagen im Allgemeinen nicht immer. Manche Betroffene wunderten sich später, als die eine oder andere Prophezeiung tatsächlich auch eintraf.

Schon seit einiger Zeit wollte sie bei passender Gelegenheit dem alten Franzsepp vom Fohrenhof eine wichtige Mitteilung mit auf den Weg geben. An einem Sonntag, als sie ihn nach dem Hauptgottesdienst beim Verlassen der Wallfahrtskirche zu Triberg erblickte, fasste sie den Entschluss, ihm auf seinem Nachhauseweg ihre wichtige »Vision« unbedingt nahe zu bringen. Sie wusste, dass die Leute von ihr nicht gerne angesprochen werden wollten. Daher war sie überzeugt, dass ihre Voraussage auch beim alten Fohrenhofbauer nicht gut ankommen würde.

Sie lief ihm aber nach und versuchte ihn einzuholen. Schon von weitem, noch bevor er sie bemerkt hatte, rief sie ihm zu: »He, Fohrebürli, mach longsom, un lauf mir nit defo. I will e Schdück des Wegs mit dir goh. I konn halt in minne alde Dage nimmi so schnell de Berg nuff renne wiä du. I hätt dir ebbis Wichtigs zuam sage, was i dir schu long mol hab welle z'wisse dua. Jetz lauf mer doch nit devu und mach longsom, oder prässierts dir?«

Der Altbauer dachte nicht daran, wegen des Tratschweibes langsamer zu gehen. Sie soll sich halt e wengli meh dummle, wenn sie mir ebbis Wichdigs zuam verzehle het, war seine, für sich behaltene Meinung.

Endlich holte sie ihn ein, zupfte ihn am linken Ärmel und sagte: »Fohrebur, ich konns fascht nimme verschnufe wiä du devo rennscht. Blieb halt emol schdu. Was ich dir schun längscht emol hab welle sage, Franzsepp, horch! Du hesch uff dinnem Hof emol Unkrut gsäit. Hesch gmeint, es isch en guader Sume gsi. Hesch di noch gwunderet, will er long nit uffgonge isch. Jetz aber isch er gwachse un wurd dir noch viel Ärger mache. Du wursch es noch erlewe un arg enttäuscht si, was drus wurd. Jo, un denno muas i dir no ebbis gonz Onders verzehle, konnsch mers glaube oder au nit. Es bassiert emol en Unglück uff dinnem Hof, e gonz fürchterliches, derfsch mirs glaube. Konn dir jetz awer nit sage, wenn's emol bassiärt«, beschwichtigte sie ihm voller Ernst.

Dem Altbauer Franzsepp platzte vor Wut bald der Kragen bei solch einem Schmarren, den er sich da von ihr anhören musste. Er blieb vor ihr stehen und schaute der alten Dorfschelle, wie sie auch genannt wurde, mit einem erbosten Blick in die Augen und meinte: »Also Hisleri, jetz zwingsch mi dezua, dass i dir emol mi eigini Meinung sag un schwätz mit dir, wiä du au, wiä mir de Schnabel gwachse isch, dass dus weisch. Jetz machsch emol longsom mit dinne blöde Hirngespinschde un verzehl mir kei so en Mischt doher. I weiß, was i gmoct hab in minnem Läwe. Do bruchsch du nit kumme und mir weismache welle, dass i ebbis falsch gmoct hab. Hab no keine Litt ebbis z'Leid glebt, oder ebbis Unrechts a dua. Gong, kehr um un gong heim in din Hisli un loss mich ums Herrgotts Wille un unseren Hof in Ruah«, bat er sie mit Nachdruck.

Doch sie ließ sich nicht abwimmeln und fuhr weiter: »Franzsepp, i sag dirs noch emol, wursch es noch erläwe, über din Hof wurd noch viel Leid un Trübsal kumme. Pass uff, es kunnt diä Zitt, wo du an mich denksch un sage muasch, diä alt Hisleri het doch Recht gho. Jo un denno isch es zschbod. So un des isch es jetz gsi, was i dir schu long mol hab welle sage un prophezeie.«

Nun hatte der Franzsepp die Nase voll und schrie sie an: »So, Hisleri, jetzt isch awer gnuag gschwätzt. Jetzt hälscht din Schnabel, kersch um un hausch ab, de Weg nahm un gucksch mer nimmi zruck.«

Er drehte sich um und lief seines Weges weiter. Bei sich dachte er: Von dieser Unterhaltung darf ich meiner Theres nichts erzählen, sonst schläft sie keine Nacht mehr aus Furcht, es könnte wirklich ein Unheil über den Hof kommen. Ganz unberührt ließen den Altbauer die Worte der Hisleri zwar nicht. Wusste er doch von früheren Voraussagungen, die sie über andere Leute erzählte, dass so manches tatsächlich zu späteren Zeiten auch in irgendeiner Weise eingetreten war. Einem Bauern von Schönwald redete sie ins Gewissen, wenn er weiterhin sein Holzmaß im Ster zu knickrig bemisst wie bisher, wird er eines Tages in seinem Schweinestall die Strafe dafür bekommen.

Gegen Ende des Jahres erlag eine seiner schlachtreifen Mastsauen an der Bananenkrankheit. Auch die anderen Leute auf dem Hof sollten von ihrem Geschwätz nichts erfahren. Das würde nur Unruhe in die Familie bringen. Der Frieden und das gute Einvernehmen aller auf dem Fohrenhof sollte von niemand gefährdet werden.

Ein schreckliches Ereignis

Am Fohrenhof auf der Kammhöhe des Hochwaldes hatten Leonhard und Robert in den letzten Tagen den Holzeinschlag von Stammholz beendet. Nun musste das Abraumholz zerkleinert, aufgearbeitet und beseitigt werden. Diese Aufräumarbeiten konnten in der Regel auch nur von einer Person durchgeführt werden. Deshalb beschloss Leonhard, die restlichen Arbeiten in den nächsten Tagen alleine in Angriff zu nehmen. Durch die schon seit Wochen anfallenden Holzfällerarbeiten blieben auf dem Hof andere Tätigkeiten unverrichtet liegen, die dringend erledigt werden mussten.

Als eine der dringlichsten Arbeit beschäftigte sich Robert mit dem Auswechseln der Einzäunungen der Weidefläche auf eine andere Weidefläche, auf der das Gras zum Abweiden für die kommenden Wochen wieder hoch genug gewachsen war. Leonhard aber wollte mit dem Beseitigen der Restholzmengen im Wald noch vor Einbruch des Winters fertig werden.

Bei den gewohnten starken Schneefällen und langen Wintern waren im gesamten Waldgebiet Arbeiten erst wieder im späten Frühjahr möglich. Das waren dann oftmals die vielen Schneedruckschäden, die dringend wieder beseitigt werden mussten.

An einem Montagmorgen gab Leonhards Frau Walburga ihm wie gewöhnlich für den ganzen Tag reichlich zu essen und zu trinken mit. Als Leonhard in der Früh zu Fuß mit Stock und Rucksack den fast einstündigen Weg auf den Fohrenkopf hochlief, schien es mit der aufgehenden Sonne am Himmel ein schöner Tag zu werden. Am Fohrenkopf angekommen, begann Leonhard, mit der Bügelsäge die Äste und das restliche Abfallholz zu zerkleinern. Es war eine recht mühsame Arbeit in dem unwegsamen Gelände. Dennoch musste sie gemacht werden, um für die nachwachsenden Jungpflanzen genügend Platz für ein freies Wachstum schaffen zu können. Gegen Mittag zogen am Himmel dunkle Wolken auf, die nichts Gutes ahnen ließen. Der aufkommende und stärker werdende Wind war für Leonhard in diesem Waldgebiet nichts Ungewöhnliches. Die Wolkendecke wurde zunehmend dichter und dunkler. Für ihn als Naturmensch, der die Gefahren der Natur kannte, bedeutete diese Situation noch keinen Anlass, schon zur Mittagszeit Feierabend zu machen. Schon öfter öffnete der Himmel, während sie mit den üblichen Waldarbeiten beschäftigt waren, kurzfristig seine Schleusen. Am Feuer aber trocknete die Kleidung dann schnell wieder, und sie konnten mit trockener Kleidung weiterarbeiten.

Nach dem aufbrausenden Wind krachte plötzlich der erste Donner und ein zweiter folgte in sehr kurzem Abstand. Ein greller Blitz zuckte nach dem zweiten Donnerschlag auf am Himmel. Nun wurde es für Leonhard höchste Zeit, seine Arbeit zu beenden. Seine Arbeitsgeräte aus Metall könnten den Blitz in dieser Höhe anziehen. Die zeitlichen Abstände zwischen dem Donner und den grell aufleuchtenden Blitzen wurden immer kürzer.

Leonhard verließ daraufhin mit der Axt, der Säge und dem Rucksack auf dem Rücken eilig seinen Arbeitsplatz. Er nahm dazu den kürzesten Weg, um den hohen Tannenwald so schnell wie möglich zu verlassen. Doch da schlug schon der Blitz in eine Trauftanne ein, an der Leonhard eben vorbeilaufen wollte. Dazu kam er jedoch nicht mehr, denn der niedergehende Blitz traf ihn tödlich. Keine hundert Meter weiter hätte er die Möglichkeit gehabt, sich in der alten Schutzhütte unterzustellen, um das Ende des Gewitters abzuwarten.

Vom Hofe aus waren die Blitze überm Hochwald gut zu sehen, wobei das Gewitter mit den gewaltigen Donnerschlägen immer mehr an Stärke zunahm. Walburga hoffte, dass ihr Mann vor Beginn des schweren Gewitters sich in die sichere Schutzhütte hatte zurückziehen können. Eigens für solche Begebenheiten hatte noch sein Vater diese Waldarbeiterhütte gebaut. die auch für Wanderer bei Regen als Unterstand offen und zugänglich war.

Gegen Abend war das Gewitter endlich vorbei.

Die Dunkelheit brach herein, und Leonhard war immer noch nicht vom Walde zurückgekehrt. Walburga und Robert wurden durch das lange Fortbleiben immer unruhiger. In der Regel kamen die Waldarbeiter bei eintretender Dunkelheit nach Hause. Auch von ihrem Mann war sie es gewohnt, dass er seine Arbeiten im Wald aus Sicherheitsgründen bei Einbruch der Dunkelheit beendete. Die Ungewissheit über sein Verbleiben ließ Walburga nun keine Ruhe mehr. Sie bat Robert, nach seinem Vater zu suchen. Da dieser befürchtete, dass sein Vater sich verletzt haben und dadurch auch nicht mehr laufen könnte, bat er seinen gut befreundeten Nachbarn Wilhelm, die beiden Pferde einzuspannen und mit dem Chaisenwagen auf die Höhe des Fohrenbühls hochzufahren.

Zusammen mit den anderen Nachbarsleuten, Jakob und Alois, die sich sofort bereit erklärten, mit zu suchen, ging Robert schon einmal voraus. Im hellen Schein ihrer Sturmlaternen suchten sie den Weg ab, der Robert auf den Fohrenkopf hoch führte. Walburga war ihrem Nachbar noch behilflich beim Einspannen der Pferde an den leichten Bennewagen mit der Pritsche. Mit der hell leuchtenden Sturmlaterne in der Hand lief er zügig neben den beiden Pferden Hans und Fred her. Für die beiden stämmigen Kaltblutpferde war es keine Mühe, den leichten Wagen den Berg hochzuziehen. So kamen sie zügig voran. Den Weg kannten die Pferde von den früheren Arbeiten im Wald, als sie beim »Holzrücken«, dem Zusammenziehen der Baumstämme, eingesetzt worden waren.

Robert erreichte mit Alois und Jakob die Anhöhe am Fohrenkopf, wo Leonhard gearbeitet hatte, ohne jedoch eine Spur seines Vaters zu entdecken. So trennten sich die drei und suchten in verschiedenen Richtungen nach ihm. Der Weg vom Arbeitsplatz seines Vaters bis zur Waldarbeiterhütte war Robert bekannt. Auf kürzester Strecke ging er in der Finsternis mit seiner Laterne quer durch den Wald in Richtung Schutzhütte. Schon nach wenigen Minuten blieb Robert starr vor Schreck stehen!

Er traute seinen Augen nicht. Da lag sein Vater regungslos am Boden. Er wollte den anderen noch zurufen, dass er seinen Vater gefunden habe, doch kein Ton kam über seine Lippen. Robert kniete sich nieder, fasste seinen Vater in der Hoffnung an, er sei vor Müdigkeit eingeschlafen oder verletzt. Aber er rührte sich nicht. Ein sonderbarer, ihm unbekannter Geruch stieg ihm in die Nase. Beim Anblick des Gesichtes seines Vaters schauderte er vor Entsetzen. Fast bis zur Unkenntlichkeit entstellt war er verbrannt. Robert konnte es nicht fassen und brach sofort in Tränen aus.

Sein geliebter und geachteter Vater lag tot vor ihm! Wie würde seine Mutter diese entsetzliche Nachricht verkraften, war sein erster Gedanke. Erst einige Minuten später war er fähig, Alois und Jakob zuzurufen, dass er seinen Vater gefunden habe. Sie hörten ihn rufen, gaben Antwort und eilten ahnungslos aus zwei Richtungen dem Schein seiner Laterne entgegen. Auch sie wurden von Entsetzen gepackt, als sie Robert und seinen Vater erblickten. Schnell wurde ihnen klar, dass Leonhard vom Blitz getroffen worden war. Ratlos und tief bestürzt standen sie um den toten Fohrenhofbauern, der den Rucksack noch geschultert trug. Die Axt mit der Säge lag unweit von ihm. Seine Kleidung roch immer stark nach verbranntem Stoff. An der Tanne, durch die der Blitz auf Leonhard niedergegangen war, waren deutliche Brandspuren zu erkennen.

Jakob rief lauthals seinem Vater Wilhelm, der an der Kreuzung auf der Anhöhe mit seinem Pferdegespann auf ein Zeichen der Männer wartete, dass sie Leonhard gefunden hätten. Nach wenigen Minuten erreichte Wilhelm mit den Pferden und dem Chaisenwagen eine Haltestelle in der Nähe des Unglücksorts. Alois betreute in der Finsternis die beiden Pferde bis zur Abfahrt. Voller Entsetzen sah Wilhelm seinen Nachbarn Leonhard, der so tragisch ums Leben gekommen war. Mit ihm hatte er an diesem Tage seinen besten Freund verloren. Fassungslos und tief gerührt trugen sie gemeinsam Leonhard aus dem Gelände und legten ihn auf den mit Decken vorbereiteten Wagen. Robert war zutiefst erschüttert, der plötzliche Verlust seines Vaters traf ihn wie ein Schlag. Er setzte sich während der Heimfahrt neben den toten Vater auf den Wagen. Kein Wort kam über seine Lippen. Langsam begaben sie sich auf den Heimweg zurück zum Fohrenhof. Jakob und Alois liefen mit den Laternen vor dem Gespann her und leuchteten ihnen den Weg. Nachbar Wilhelm führte die beiden Pferde Hans und Fred mit ihrem toten Herrn auf der Pritsche sicher auf dem abschüssigen Pfad durch den Wald zum heimischen Fohrenhof.

Walburga, umringt von ihren Schwiegereltern Franzsepp und Theresia und den Nachbarsfrauen, Rosina mit Tochter Anna und Hedwig, der Frau von Alois, ertrug die bange Ungewissheit kaum. Alle warteten seit Stunden gemeinsam ungeduldig auf die Rückkehr ihrer Leute.

Gegen elf sahen sie endlich in der Finsternis die Lichter der Laternen von Jakobs und Alois aufleuchten. Walburga konnte nicht mehr länger stehen bleiben und warten, bis sie endlich am Haus ankamen. Sie lief ihnen entgegen und rief: »Was ist passiert? Wo ist Leonhard? Was ist mit ihm geschehen?«

Keiner war in der Lage, ihr eine Antwort zu geben, alle waren sie vom Geschehenen zu tief erschüttert. Da sprang Robert vom Wagen und stürzte seiner Mutter entgegen. Mit Tränen erstickter Stimme stammelte er: »Mutter, der Vater ist tot! Er liegt auf dem Wagen.«

»Robert was sagst du? Um Gottes Himmelswillen, was ist geschehen? Das kann doch nicht sein«, brachte Walburga noch über die Lippen und fiel ihrem Sohn schluchzend um den Hals. Tränenüberströmt beugte sie sich dann über den Rand des Wagens zu ihrem toten Mann. Ohne ein Wort zu sprechen, standen alle fassungslos, entsetzt und voller Trauer am Wagen. Franzsepp musste seine Frau Theresia stützen, als sie in tiefem Schmerz und Tränen in den Augen ihren toten Sohn auf dem Wagenanschauten. Die leidgeprüfte Ehefrau Walburga wich nicht mehr von der Seite ihres toten Mannes. Immer wieder klammerte sie sich, von Weinkrämpfen geschüttelt, an ihren Sohn Robert. Gemeinsam trauerten sie um den verlorenen Mittelpunkt in ihrer Familie.

Wilhelm und sein Sohn Jakob begannen, langsam die Pferde auszuspannen und sie in den Stall zu bringen. Derweil bereiteten Rosina, Wilhelms Frau, und ihre Tochter Anna auf dem Boden in der Stube mit ausgelegten Decken eine Liegemöglichkeit für den toten Bauer vor. Alois blieb bei Walburga und der Altbäuerin Theresia am Wagen stehen. Als Wilhelm und Jakob aus dem Stall zurückkamen, ging Robert auf sie zu und bedankte sich bei ihnen für ihre Hilfe. Sie beschlossen, Leonhard zur vorbereiteten Lagerstätte in der Stube zu bringen. Gemeinsam trugen die beiden Nachbarn Alois und Jakob den toten Bauer in die Stube. Weinend liefen Walburga und Robert hinter ihnen her. Franzsepp, Leonhards Vater, und Theresia, seine Mutter, konnten diese Tragödie einfach nicht fassen. Immer wieder sagte der Altbauer: »Mein Gott, warum musste mein Sohn vor mir gehen? Lieber Herrgott, warum hast du so etwas zugelassen? Ich bin alt, und er ist noch so jung.«

Spontan boten Wilhelm, Jakob und Alois der Familie Tritschler an, in der folgenden Nacht zusammen in der Stube die Totenwache zu halten. Nach altem Brauch durfte eine verstorbene Person nie alleine im Haus die Nacht verbringen. Für den Fohrenhofbauer Leopold waren die folgenden drei Tage und Nächte sein letzter Aufenthalt auf seinem Hofe. Auch in den nächsten Nächten hielten die Männer aus der Nachbarschaft abwechselnd die Totenwache in der Stube, in der Leonhard aufgebahrt war. Beim Kartenspiel und Most vergingen die nächtlichen Stunden, mit dem Sarg im Blickfeld, schnell vorüber.

In Windeseile breitete sich die Nachricht vom tragischen Tod des überaus beliebten Fohrenhofbauern Leonhard im Dorf aus. Das schwere Gewitter über dem Hochwald am Fohrenbühl mit dem starken Donner und den grellen Blitzen hatten die Leute im Dorf auch bemerkt. Aber niemand hätte dabei an einen solch tragischen Unfall gedacht. In der Öffentlichkeit genoss Leonhard durch sein freundliches und hilfsbe-

reites Wesen einen guten Ruf. Das bewies die Dorf-
bevölkerung auch durch ihre überwältigende Anteil-
nahme an der Trauerfeier für den verstorbenen und
allseits geachteten Fohrenhofbauern Leonhard.

Für Walburga war es schmerzlich zu wissen, dass
ihr Sohn Florian vom Tod seines Vaters nichts wusste
und bei der Trauerfeier nicht dabei sein konnte. Dass
von ihm über die Jahre hin kein einziges Lebenszeichen kam, belastete sie zusätzlich.

Für Walburga bedeutete der frühe Tod ihres Mannes einen herben Schlag. Alleine mit ihrem Sohn Robert konnte sie den Hof nicht weiterführen. Robert,
mit seinen neunzehn Jahren, brachte sich schon sehr
früh in die Arbeiten auf dem Hofe ein und war auch
mit allen Arbeiten vertraut, sowohl mit den Tieren als
auch auf dem Felde. So begann für Robert als junger
Bursche eine harte und verantwortungsvolle Zeit.

Sein noch rüstiger Großvater Franzsepp versuchte
ihm zu helfen, so weit es seine Gesundheit mit über
achtzig Jahren noch zuließ. Er war es, der schon sehr
bald nach dem Unglück der Meinung war, dass wieder
ein Mann auf den Hof kommen sollte. Auf die Dauer
könne Robert mit seiner Mutter den Hof nicht halten und bewirtschaften. Auch die Altbäuerin Theresia
war ihrer Schwiegertochter Walburga im Haushalt bei
leichten Arbeiten gerne behilflich, so weit es in ihren
Kräften stand.

Altbauer Franzsepp half Robert bei den Stallarbeiten, sowohl im Kuh- als auch im Schweinestall. Er sagte zu ihm: »Alle diese Arbeiten, zusätzlich noch die auf dem Feld und im Wald, wachsen euch doch schon längst über den Kopf. Das kann auf die Dauer nicht gut gehen. Ich muss dringend mit deiner Mutter sprechen. Da hätte ich einen vernünftigen Vorschlag für sie. Damit wäre allen geholfen. Deine Mutter ist ja noch jung genug, um zu heiraten.«

Wegen dieses unpässlichen Vorschlags verärgert, fiel ihm Robert sofort ins Wort und meinte energisch: »Großvater, das ist aber jetzt nicht deine Sache. Lass das mal meine Mutter selbst entscheiden und bedränge sie nicht in dieser schweren Zeit. Wir werden schon eine Lösung finden, die uns weiterhilft. Aber ich bitte dich, lass Walburga jetzt in Ruhe.«

Robert hatte seiner Mutter wenige Tage zuvor den Vorschlag gemacht, die Tierhaltung einzuschränken und Teile der Felder zu verpachten. Mit dieser Möglichkeit, die Arbeit auf dem Hof einzuschränken, war Walburga allerdings nicht einverstanden. Ihrer Meinung nach sollte der Hofbetrieb in seiner vorhandenen Größe unbedingt erhalten bleiben. Ihr verstorbener Mann Leonhard hatte in den letzten Jahren den Hof auf Vordermann gebracht, und so sollte er auch weiterhin geführt werden. Sie wolle schon selbst dafür Sorge tragen. Was ihr Sohn noch nicht wusste war, dass seine Mutter mittlerweile eine ganz andere Lösung gefunden hatte, die für alle akzeptabel war.

Eine wichtige Entscheidung

Der plötzliche Tod des Fohrenhofbauers Leonhard hinterließ in der Familie eine große Lücke. Walburga und ihrem Sohn Robert wurde die Arbeit auf dem Hofe zu viel, auch wenn der Nachbar Wilhelm und sein Sohn Jakob bei vielen Arbeiten mithalfen, so weit es ihre Zeit zuließ. Robert und seine Mutter Walburga rackerten sich Tag für Tag ab und doch konnten in den letzten Monaten nicht alle Arbeiten im Haus und auf dem Feld erledigt werden. Altbauer Franzsepp und seine Ehefrau Theresia konnten sich bei den anfallenden Arbeiten auch nicht mehr so einbringen wie früher, und dennoch halfen sie trotz ihres hohen Alters noch täglich mit, so weit es in ihren Kräften lag. Wichtige Arbeiten im Wald blieben seit der Tragödie mit Leonhard unverrichtet liegen. Robert konnte als junger wenn auch kräftiger Bursche alleine keine Bäume fällen. So blieb ihm nur die Möglichkeit, die gewinnbringenden Waldarbeiten von fremden Holzfällern ausführen zu lassen. Für Walburga war es jetzt an der Zeit, ihren Vorschlag vorzubringen, um die vorhandene schwierige Situation der Arbeitsverhältnisse zu bewältigen.

An einem Sonntagabend holte Walburga die alten Bauersleute Franzsepp und Theresia sowie ihren Sohn Robert an den Stubentisch vor dem Herrgottswinkel, um mit ihnen zu besprechen, wie sie sich die Fortführung des Hofes vorstellten könnte. Der eigentliche Grund dieser Besprechung, meinte Walburga, sei jedoch eine wichtige Neuigkeit, über die sie alle auf dem Hofe nun informieren wollte. Großmutter Theresia setzte sich auf die breite Ofenbank am großen Kachelofen. Es war ihr angestammter Platz. Alle waren sie gespannt auf Walburgas wichtige Mitteilung. Franzsepp konnte es kaum erwarten und fragte die Bäuerin ungeduldig: »Nun Walburga, heraus mit der Sprache! Lass endlich mal die Katze aus dem Sack.«

So berichtete sie ihnen von ihrem Kirchgang am vergangenen Sonntag, als sie die Leiterin des Waisenhauses aus dem Nachbarort getroffen hatte. In ihrer Unterhaltung erwähnte Walburga die personelle Not auf ihrem Hof, seit ihr Mann verstorben sei. »Uns wächst die Arbeit allmählich über den Kopf hinaus, und es ist kein Ende in Sicht«, berichtete sie der Heimleiterin. Von ihr erfuhr Walburga, dass ein erwachsenes Mädchen in ihrem Heim sich verändern und gerne auf einem Bauernhof arbeiten wollte. Mit gespannter Miene schaute Walburga ihre Leute an und fragte sie:

»Was haltet ihr davon, wenn wir eine Magd zu uns auf den Hof nehmen?« Mit diesem Vorschlag überraschte sie nicht nur ihre Schwiegereltern, sondern auch ihren Sohn Robert. Im ersten Moment konnte er seiner Mutter auf diese unerwartete Frage nicht antworten.

Da kam ihm schon sein Großvater zuvor: »Ja, Walburga, das wäre zwar eine vorübergehende Möglichkeit, aber ganz sicherlich keine glückliche und vernünftige Lösung auf Dauer. Aber ich habe dir auch einen Vorschlag, mit dem das Problem für immer gelöst wäre. Ich schlage dir vor, heirate meinen Sohn Ambrosius, den Bruder deines verstorbenen Mannes, und erfülle die Pflicht alter Traditionen, wie es einer Hofbäuerin ansteht. Du weißt, er ist ledig, gesund und ein gestandenes Mannsbild.«

Bei diesem Vorschlag seines Großvaters verschlug es Robert im ersten Moment die Sprache. Es kam zu unerwartet. Ein Blick in das Gesicht seiner Mutter verriet ihm mehr als tausend Worte. Bevor Franzsepp auch nur ein Wort weiter reden konnte, fiel ihm seine Frau Theresia ins Wort und meinte barsch: »Vater, jetzt lass erstmal dem Robert seine Meinung dazu sagen und halte dich da aus der ganzen Sache raus.«

Aber gesagt ist gesagt! Robert fasste sich ein Herz und sagte mit ruhiger Stimme: »Großvater, du magst es vielleicht mit deiner Idee und der alten Tradition gut meinen, aber lass uns doch zuerst einmal den Vorschlag meiner Mutter besprechen und ihn eventuell schon bald in die Tat umsetzen. Sie braucht für ihre Arbeiten doch dringend Unterstützung. Ich bin sofort dafür.« Daraufhin schaute ihn sein Großvater etwas verunsichert an und meinte: »Ob das wohl gut geht? Auf dem Fohrenhof war noch nie eine Magd in Lohn und Arbeit gewesen. Eine fremde Person soll für immer in der Familie hier auf dem Hof leben? Das kann ich mir beim besten Willen nicht vorstellen.«

Walburga regte sich über die Einstellung ihres Schwiegervaters auf und fuhr ihn an: »Vater, du siehst, wie es bei uns auf dem Hofe zugeht. Es fehlt doch an allen Ecken und Enden an Arbeitskräften. Lass uns endlich die alten Zöpfe abschneiden, die nicht mehr in die heutige Zeit passen. Ein junges und arbeitswilliges Mädchen würde dann auch einige Arbeiten von Robert übernehmen und ihn bei den Stallarbeiten entlasten.«

Altbäuerin Theresia gab ihr recht und lobte Walburgas Einstellung, denn zu gut kannte sie aus eigener Erfahrung deren Arbeitslast. Auch Robert hatte zu dem Vorhaben seiner Mutter eine positive Meinung. Walburga fuhr in ihrer Erklärung zur Person des Mädchens fort: »Diese junge Heimbewohnerin ist 22 Jahre alt und kam als Findelkind mit zwei Monaten in dieses Waisenhaus. Ihre Eltern konnten nie ausfindig gemacht werden. Eines Abends, wenige Wochen nach ihrer Geburt, wurde sie vor dem Pfarrhaus im Nachbarort ausgesetzt. Vermutlich waren ihre Eltern über ihr Aussehen entsetzt. Das Mädchen kam mit einer Hasenscharte auf die Welt.«

Nach diesem Hinweis war es zunächst ruhig in der Runde. Robert ergriff als erster das Wort und meinte: »Ja, Mutter, ich bin für deinen Vorschlag. Das Mädchen passt auf unseren Hof und wird ein willkommenes Familienmitglied werden.«

Walburga schaute ihren Schwiegervater an und fragte ihn: »Nun Vater, was meinst du jetzt dazu?« Franzsepp blickte auf seine Frau auf der Ofenbank. Sie nickte ihm zu. Da meinte er bejahend: »Also, wenn ihr das alle so wollt, so sollt ihr meinen Segen dazu haben.« Somit hatten sie gemeinsam beschlossen, dass schon sehr bald eine Hilfskraft auf den Fohrenhof kommen sollte.

In der darauf folgenden Woche erkundigte sich Walburga bei ihrem Besuch im Heim genauer nach dem Mädchen. Bei der Gelegenheit konnte sie sich mit Friedel, wie das Mädchen hieß, in angenehmer Weise unterhalten. Auf Walburga machte das Mädchen einen sympathischen Eindruck, der sie in ihrem Wunsch, diese als Magd für den Hof zu gewinnen, bestärkte. Mit dem guten Gefühl richtig zu handeln, ermunterte sie das Mädchen, auf ihren Hof zu kommen. Mit dieser für sie erfreulichen Entscheidung der Fohrenhofbäuerin war Friedel sofort einverstanden. Sie wandte sich umgehend an die Heimleitung mit der Bitte, für sie in den nächsten Tagen die behördlichen

Formalitäten zu erledigen. Schon zwei Wochen später ließ die Heimleitung ihre Habseligkeiten an einem Samstag auf den Fohrenhof bringen.

Wie zuvor abgesprochen, trafen sich Walburga und ihre neue Magd am Sonntag vor der Kirche und besuchten gemeinsam den Hauptgottesdienst. Danach ging Friedel mit Walburga zu Fuß den Berg hoch zum Fohrenhof, der ihre neue Heimat werden sollte. Mit großer Spannung wurden sie von Robert und den Großeltern Franzsepp und Theresia, als sie gegen Mittag auf der Fohrenhalde ankamen, erwartet.

Unter der Haustüre stehend bat Robert die künftige Magd Friedel mit einem freundlichen Willkommensgruß, in sein Elternhaus einzutreten. Altbäuerin Theresia hatte anstelle von Walburga zur Feier des Tages mit gekochtem Schäufele, Kartoffelbrei und Sauerkraut ein schmackhaftes Mittagessen zubereitet. Walburga wünschte allen einen gesegneten Appetit.

Die Herzlichkeit, mit der sich alle am Tisch während des Essens unterhielten, kannte Friedel bisher nicht. Im Heim durften sie am Tisch nicht miteinander reden. Als Bedienstete war ihr die Unterredung mit den Waisenkindern sowieso untersagt. Das oblag nur der Heimleitung. Für Friedel begann an jenem Sonntag ein neuer Lebensabschnitt, auf den sie sich so sehr freute. Walburga zeigte Friedel die Kammer im Obergeschoss, die sie für sie eingerichtet hatte, und die anderen Räume. Anschließend führte Robert sie durch die Stallungen und den Hof mit all seinen Einrichtungen. Friedel war überwältigt von der Größe der Räumlichkeiten bis hin zur Scheune. Auch wenn die vielen Gerätschaften, die sie aus nächster Nähe anschauen konnte, noch von einfachster Art waren, versuchte Robert, ihr deren Funktion zu erklären. Für sie ergaben sich viele neue Erkenntnisse. Umso mehr freute sich Friedel auf die neue Arbeit mit den Menschen auf dem Hofe.

Während des Rundgangs mit Robert zeigte sie sich mehrmals erstaunt über das Ausmaß der Größe des Hofareals. Sichtlich erfreut und voller Hoffnungen auf eine neue Arbeit und eine erfüllte Zukunft, ließ sich Friedel beim Rundgang über den Hof von Robert wissbegierig in ihre neuen Aufgaben einweisen. Ihr spontan gezeigtes Interesse an den landwirtschaftlichen Arbeiten ließ Robert auf eine gute und positive Zusammenarbeit mit ihr hoffen. Beim Abendessen erklärte Walburga Friedel Einzelheiten über die gemeinsamen Arbeiten in den nächsten Tagen. Friedel fiel es in ihrer etwas undeutlichen Aussprache schwer, sich bei allen für die herzliche Aufnahme in der Familie zu bedanken. Sehr zufrieden vernahm sie von allen, dass sie auf dem Fohrenhof willkommen sei und hier ihr neues Zuhause gefunden habe.

Ihre deutlich sichtbare Hasenscharte, die auch der Grund ihrer undeutlichen Aussprache war, wurde zu ihrer Zufriedenheit von den Anwesenden nicht besonders beachtet. Sie selbst hatte schon in früher Kindheit gelernt, damit so umzugehen, als sei es die natürlichste Sache der Welt. So erfuhr sie zum Abschluss des ersten Tages auf einem Bauernhof von allen Seiten einen erfreulichen Zuspruch.

Auch der Altbauer Franzsepp konnte seine Zufriedenheit trotz seiner vorausgegangenen, ablehnenden Haltung nicht mehr verbergen. Der gezeigte Arbeitswille und das freundliche Wesen Friedels überzeugten auch ihn. Für ihre künftige Arbeit auf dem Hofe und in der Landwirtschaft besorgte Walburga ihr die erforderliche Arbeitskleidung.

Zum ersten Mal verliebt

Robert hatte die Hoffnung auf eine künftige Freundschaft mit Annele, seiner früheren Sandkastenfreundin, nie aufgegeben. Flori brüskierte ihn immer wieder mit Bemerkungen, dass er mit Annele seine große
Liebe gefunden habe. Gegen die Cleverness seines älteren Bruders hatte er mit seinen Bemühungen bei
Annele keinen Erfolg. Robert besaß einfach nicht die
Zeit und die Kraft, um mit seinem Bruder um Anneles Gunst zu kämpfen. Für ihn als Bauernsohn war es
eben nicht leicht, eine Freundin zu finden, die bereit
gewesen wäre, ihr restliches Leben auf einem abgele-
genen Bauernhof zu verbringen.

So suchte er sein Glück auf dem Hofe bei Friedel,
seiner sympathischen und fleißigen Magd. Bei jeder
sich bietenden Gelegenheit versuchte Robert, sich
ihr zu nähern und sich auf freundliche Art mit ihr zu
unterhalten. Dabei blieb ihm nicht verborgen, dass
auch sie, wenn auch noch zögernd, die Unterredung
mit ihm suchte. Ihre anfänglich zurückhaltende Ge-

sprächsbereitschaft änderte sich zunehmend. Dadurch steigerte sich auch ihr Selbstwertgefühl spürbar. Bei ihrer bisherigen Tätigkeit hatte sie keine Möglichkeit gehabt, sich mit jemandem zu unterhalten. Robert fiel auf, dass sich immer öfter ein leichtes Lächeln in ihrem Gesicht zeigte. Für ihn bedeutete das, dass sie mit ihrer neuen Situation und der Welt zufrieden war. Er spürte förmlich, wie sie durch ihr Entgegenkommen ihm immer mehr Sympathie entgegenbrachte und ihre anfängliche Zurückhaltung ihm gegenüber zusehends verschwand. Der Umgangston zwischen ihnen wurde lockerer und in der Wortwahl Befreiter. So ergaben sich dabei unbewusst offene Meinungsäußerungen, die das Interesse beider aneinander steigerte.

Die Sprachbehinderung, die in der unklaren Aussprache Friedels zu erkennen war, und die leichte Entstellung im Gesicht durch die Hasenscharte störten Robert nicht. Für ihn war das auch kein Kriterium, abweisend zu reagieren. Bei ihm zählten der Charakter und die Aufrichtigkeit des Menschen, dem er sein Herz, sein Vertrauen und seine ganze Liebe schenken wollte. Robert spürte in sich das beruhigende Gefühl, die Zukunft mit einer lieben Person verbringen zu dürfen. Dieses bisher noch nie gekannte Glücksgefühl, beflügelte seine Schaffenskraft und beseelte ihn von Tag zu Tag immer mehr.

Seit einiger Zeit fiel auch Walburga auf, dass Friedel bei ihrer Arbeit stets frohgelaunt war, vor allem dann, wenn Robert in ihrer Nähe weilte. Diese für sie befriedigende und beruhigende Wahrnehmung steigerte jedoch ihre Neugier, die ihr keine Ruhe mehr ließ. So fragte sie bei der nächsten, günstigen Gelegenheit ihre Magd:

»Friedel, seit einigen Tagen ist in dir etwas ganz Bestimmtes vorgegangen. Du hast dich auf eine ganz besonders nette Art verändert. Mir ist aufgefallen, dass du richtig fröhlich und ausgeglichen geworden bist. Was ist es, das dich auf einmal so lebensfroh macht und dich so zufrieden stellt?«

Mit dieser direkten Frage hatte Friedel nicht gerechnet und wusste in der Eile selbst nicht, wie sie der Bäuerin ihre Freude und Sympathie zu Robert erklären könnte. Die richtigen Worte für ihr neues Lebensgefühl zu finden und diese noch einer anderen Person zu erklären, was sie so selbst noch nie erlebt hatte. Dazu war sie in diesem Augenblick überfordert. Kurz und bündig antwortete sie: »Bäuerin Walburga, mir gefällt halt das Leben wieder mehr, seit ich bei Euch auf dem Hofe bin. Das Arbeiten hier macht mir richtig Spaß.«

Einer weiteren Frage entzog sie sich, indem sie mit dem Wäschekorb unterm Arm und einem Lächeln im Gesicht in den Garten ging, um die Wäsche aufzuhängen. Den wahren Grund ihrer positiven Ausstrahlung wollte sie der Bäuerin jetzt noch nicht verraten. Dass sie jetzt auf dem Fohrenhof durch die Freundschaft mit Robert ein neues Glücksgefühl erfuhr, konnte sie aber nicht mehr länger verbergen. Walburga war in den vergangenen Tagen auch vermehrt aufgefallen, dass Friedel viel redseliger geworden war. Ihre anfängliche Zurückhaltung bei Gesprächen schien sie überwunden zu haben. Dass die Menschen ihre Sprachbehinderung akzeptierten, ermutigte sie zusehends, sich mit ihnen über die für sie noch unbekannten Arbeitsabläufe zu unterhalten oder sie zu befragen. Auffallend war, dass sowohl Robert als auch Friedel immer öfter die Nähe des anderen suchten und verschiedene Arbeiten gemeinsam erledigten. Das blieb auch Walburga nicht verborgen. Für sie war diese Erkenntnis eine Bestätigung dafür, dass sie richtig gehandelt hatte, als sie Friedel hierher auf den Fohrenhof holte. Und Robert spürte, dass Friedel gern mit ihm sprach. Das erleichterte auch ihm die Unterhaltung mit ihr und kam ihm sehr entgegen, zumal er ohnehin nicht besonders redselig war. Im Gegensatz zu seinem Bruder Flori, der ein lockeres Mundwerk hatte, war er sehr zurückhaltend bei Gesprächen gewesen. Das änderte sich dann durch das Zusammensein mit Friedel. Sie war bereit, Robert, den sie ins Herz geschlossen hatte, durch ihre Offenheit ihr ganzes Vertrauen zu schenken. Gerne erzählte sie ihm aus ihrer Kindheit, in der sie ohne Eltern und nur bei fremden Menschen aufgewachsen war. Liebe, Wärme und Zuneigung der Eltern, so wie es andere Kinder erfahren durften, blieben ihr fremd. Eine schöne und erlebnisreiche Jugendzeit erlebte Friedel nicht. In all den Jahren hatte sie nie etwas Anderes als ihr Dorf gesehen. Umso mehr freute sie sich, als sie in die Familie Tritschler auf dem Fohrenhof aufgenommen wurde.

Von Tag zu Tag gewann Friedel mehr Selbstvertrauen, das sie bisher nicht besessen hatte. Viele Arbeiten, die ihr fremd waren, erledigte sie unaufgefordert und in kurzer Zeit selbstständig, so als wären diese schon immer die Ihren gewesen. Auf dieses Tun hatte sie sich schon immer gefreut, da sich nun auch ihr sehnlichster Wunsch erfüllte, einmal in der Landwirtschaft tätig sein zu dürfen. Gerne und mit einem Lächeln im Gesicht bestätigte sie Robert immer wieder, wie sehr ihr die Arbeit auf dem Hofe gefiel. Diese Feststellung erfüllte ihn mit Freude und war für ihn sprichwörtlich »Wasser auf sein Mühlrad«, das er so sehr benötigte. Dadurch wurde es für ihn leichter, wichtige Zukunftspläne, wie er später den elterlichen Hof auf seine Art weiterführen würde, zu schmieden. Theresia, die Altbäuerin, freute sich, wenn sie ab und zu mit der jungen Friedel während ihrer Arbeit ein kleines »Schwätzle« von Frau zu Frau halten konnte, das ihr auf dem Hofe bisher nicht möglich gewesen war. Sie interessierte sich sehr für Friedels bisheriges Leben, so weit diese sich an ihre Kindheit und das Leben im Heim erinnern konnte. Die Altbäuerin ahnte aber nicht, dass Friedel darüber gar nicht gerne reden wollte. Friedel freute sich nun vielmehr über die für sie neue Situation in der Bauernfamilie auf dem Hofe. Kam einmal der Altbauer Franzsepp hinzu, meinte er zu seiner Frau: »Störe die Magd nicht und lasse sie weiter arbeiten. Wie schnell geht der Tag vorbei und die Arbeit wird nicht fertig.« Als Robert seine Worte hörte, konnte er es nicht verkneifen und sagte mit lachender Miene: »Großvater, störe dich nicht an Frauengesprächen! Sie könnten für uns eines Tages noch sehr nützlich sein.«

Daraufhin verzog sich dieser in die hofeigene alte Mühle, um seiner Lieblingsbeschäftigung, dem Mahlen vom Korn zu Schrot und Mehl, nachzugehen. Er hatte das Bedienen der Mühle, die über ein oberschächtiges Wasserrad angetrieben wurde, noch von seinem Vater gelernt und von ihm direkt übernommen. Kleinere Reparaturen führte er stets selbst aus, um das Mahlsystem betriebsbereit zu erhalten. Durch die zusätzliche Arbeitskraft von Friedel war eine völlig neue Atmosphäre auf dem Hof entstanden, die von allen positiv empfunden wurde. Robert freute sich darüber, wie schnell sich Friedel mit der neuen und für sie ungewohnten Arbeit zurechtfand. Mit der Zeit entwickelten die beiden jungen Leute eine gut eingespielte Gemeinschaft, der die Arbeit fast wie von selbst von der Hand ging.

Das veranlasste den Altbauer Franzsepp, als Friedel und Robert in seiner Nähe beschäftigt waren zu der schmeichelnden Bemerkung: »Wenn ich Euch zwei jungen Menschen bei der Arbeit so zuschaue, könntet Ihr noch eine fleißige Jungbauernfamilie werden, die das erfolgreiche Fortbestehen des Fohrenhofes möglich macht.« Daraufhin schauten sie sich die beiden nur lächelnd an, ohne auch nur ein Wort zu verlieren. Im Beisein vom Altbauern vermochten sie ohnehin nicht über ihre Zukunft reden, wenngleich beide das gleiche dachten wie Franzsepp. Jedoch fehlte ihnen der Mut, sich ihre gegenseitige Liebe zu bezeugen, obgleich es beide wollten. Bei jeder sich bietenden Gelegenheit lächelten sie sich gegenseitig zu, was mehr als tausend Worte bedeutete. Robert lobte oft ihren zuverlässigen und sehr fürsorglichen Umgang mit den Tieren, an denen sie viel Freude hatte. Keine Mühe war ihr zu viel und kein Feierabend zu spät. Vermehrt zeigte sie auch Interesse an der täglichen Zusammenarbeit im Haushalt mit Walburga, die sehr harmonisch verlief. Durch die Freundschaft und Verbundenheit zu Robert erfuhr sie ein ganz neues Lebensgefühl. Sie spürte mit Freude, wie sie als Familienmitglied liebevoll aufgenommen und als eine vollwertige Person anerkannt wurde. Etwas, was ihr im Heim sehr gefehlt hatte. Für sie begann auf dem Fohrenhof der Familie Tritschler ein neuer Lebensabschnitt. Da fand sie endlich ein neues Zuhause. Sie war mit sich selbst zufrieden, fühlte sich geachtet und in ihrem Wesen bestärkt. In ihrer Überzeugung gefestigt, in Robert einen wertvollen Lebenskameraden gefunden zu haben, entschloss sie sich, bei passender Gelegenheit ihm ihre Liebe zu beweisen

Nur eine Zweckheirat

Die Arbeit auf dem Hofe wuchs den Leuten immer mehr über den Kopf. Robert spürte, wie ihm die Arbeitskraft seines Vaters an allen Ecken und Enden fehlte, wenngleich er Friedel als eine wertvolle und tatkräftige Unterstützung empfand. So weit es ihnen körperlich und zeitlich möglich war, halfen auch die alten Bauersleute Franzsepp und Theresia immer noch tatkräftig mit. Öfter beschäftigte sich Franzsepp mit kleineren Reparaturen in der hofeigenen Mühle, um sie für die kommenden Jahren betriebsfähig zu halten. Auch bei den täglichen, umfangreichen Stallarbeiten unterstützte er gerne seinen Enkel Robert.

Theresia half im Haushalt mit und versorgte mit viel Liebe und Geschick die vielen Blumen an den Fenstern am Haus und im Garten. Aber auch ihre Arbeitskraft würde irgendwann einmal zu Ende gehen und im täglichen Ablauf fehlen. Um dieses Problem zu lösen, hatte der Altbauer schon einige Wochen zuvor einen Plan eingefädelt, von dem noch niemand etwas wusste. Er machte sich nämlich ernsthafte Sorgen um den Fortbestand des traditionsreichen Fohrenhofes, wenn er einmal nicht mehr leben und niemand auf die alte Tradition achten würde. Während den gemeinsamen Stallarbeiten sprachen Großvater und sein Enkel Robert wiederholt über die Situation auf dem Hof und den Arbeiten, die nicht bewältigt werden konnten.

Ganz nebenbei bemerkte der Altbauer: »Es ist halt höchste Zeit, dass eine weitere männliche Arbeitskraft auf den Hof kommt und dich bei all den schweren Arbeiten unterstützt.« Gespannt hörte Robert seinem Großvater zu, ahnte aber nicht, was dieser im Schilde führte.

»Ich muss über diese Sache so bald als möglich mit deiner Mutter ein dringendes und wichtiges Gespräch führen«, sagte er zu Robert, der ihn ganz verwundert anschaute und meinte: »Großvater, sage mir, was willst du denn mit meiner Mutter so Wichtiges besprechen?«

»Bub, was ich mit deiner Mutter besprechen möchte, geht nur uns beide etwas an. Du hast damit nichts zu tun, mein Junge«, antwortete ihm Franzsepp knapp. Robert war etwas unsicher und entschloss sich, seiner Mutter von dieser Angelegenheit nichts zu erzählen.

Die Ungewissheit darüber, was sein Großvater mit seiner Mutter zu besprechen habe, ließ Robert keine Ruhe mehr. Wenige Tage später fragte er ihn ohne Umschweife: »Großvater, wie soll denn die geplante

Änderung auf dem Hofe, die du nur mit meiner Mutter besprechen möchtest, aussehen?«

»Jetzt kann ich dir sagen, Robert, was mir so sehr am Herzen liegt. Walburga ist jung genug, um noch einmal zu heiraten und dadurch einen gestandenen Ehemann auf den Hof bringen zu können. Das habe ich damit gemeint. Aber welchen Mann ich ihr vorschlagen werde, darüber will ich mit deiner Mutter unter vier Augen sprechen.«

Diese Äußerung und sein eigenmächtiges Handeln verschlug dem Robert die Sprache. Empört meinte er: »Großvater, das ist nicht deine Angelegenheit. Lass das mal meine Mutter selbst entscheiden und bedränge sie jetzt nicht in dieser schweren Zeit. Kannst du ihre schmerzliche Situation, in der sie sich befindet, nicht verstehen?«

Walburga hatte in ihrer Verzweiflung öfter das Gespräch mit Robert gesucht. Dabei wurde immer wieder diskutiert, wie sie den Hof weiterhin gemeinsam bewirtschaften könnten. Er war die einzige Person, mit dem sie über Dinge reden konnte, die ihr am Herzen lagen. Bei ihm konnte sie sich aussprechen. Robert wollte seine Mutter gegenwärtig nicht weiter belasten und erzählte ihr nichts vom Vorhaben seines Großvaters. Doch der alte Franzsepp hatte es eilig mit seinem Vorschlag und drängte auf eine baldige Aussprache mit seiner Schwiegertochter, die immer noch in Trauer um ihren verstorbenen Ehemann lebte.

An einem Vormittag befand sich Walburga alleine im Haus. Robert und Friedel waren mit Feldarbeiten beschäftigt. Da nutzte der Altbauer die Gelegenheit, mit seiner Schwiegertochter unter vier Augen sprechen zu können. Franzsepp ging in die Küche, als die Bäuerin das Mittagessen vorbereitete. Er blieb an der Türe stehen und fragte: »Walburga, hast du für ein paar Minuten Zeit? Ich möchte über eine wichtige und dringende Angelegenheit unter vier Augen mit dir sprechen.«

Walburga reagierte überrascht und fragte verwundert: »Na, Vater, was hast du denn Wichtiges auf dem Herzen?«

Franzsepp lief zum Küchentisch und sagte: »Komm und setz dich hin. Wir wollen in aller Ruhe miteinander über einen Vorschlag sprechen, den ich dir in deiner Situation empfehlen möchte.«

Gespannt setzte sich Walburga ihm gegenüber an den Tisch. »Ja, sprich, Vater, wie sieht denn dein Vorschlag aus?«, fragte sie ihn mit ernsthaftem Blick. Franzsepp hielt noch eine Weile inne, bevor er die Katze aus dem Sack ließ. Das ging der Bäuerin doch zu lang und sie forderte ihn energisch auf: »Jetzt aber raus mit der Sprache! Was hast du denn für ein Anliegen? Wenn die jungen Leute vom Felde heimkommen, soll das Mittagessen auf dem Tisch stehen.«

Da fasste Franzsepp Mut und sagte: »Walburga, du weißt, hier auf dem Hofe fehlt eine wichtige Mannsperson, die die Arbeiten des verstorbenen Leonhards übernimmt und in seinem Sinn weiter macht. Die Arbeiten sind für dich, Robert und Friedel auf die Dauer nicht zu bewältigen. Ich bin deshalb der Meinung, dass du noch einmal heiraten solltest. Dann käme wieder ein Mann auf den Hof und viele Probleme wären gelöst. Mein persönlichster Wunsch wäre, dass du Ambrosius, meinen Sohn und Bruder deines verstorbenen Mannes, heiraten würdest. Du kennst ihn ja und weißt, dass er ein gesunder und starker Mann ist; der den Leopold als Arbeitskraft ersetzen kann. Dadurch würde der Fohrenhof weiterhin im Familienbesitz bleiben, was mir sehr am Herzen liegt. Er wäre sofort damit einverstanden, dich zu heiraten. Ich habe schon mit ihm gesprochen.«

Franzsepp hatte sich, ohne seine Schwiegertochter zuvor zu informieren, mit Ambrosius in Verbindung gesetzt und ihm den Vorschlag, Walburga zu heiraten, gemacht. So hätte er für die Zukunft ausgesorgt. Ambrosius würde somit doch noch den elterlichen Hof auf ganz legale Weise übernehmen und stolzer Hofbesitzer werden. Mit diesem verlockenden Angebot ermutigte Franzsepp seinen Sohn, zu heiraten und eine Ehe einzugehen, was er nie vorgehabt hatte. Ambrosius war vom Vorschlag seines Vaters begeistert und gab ihm auch sogleich seine Zusage und Einwilligung. Auf diese Weise käme er schneller zu einer Frau an seiner Seite, als er es jemals gedacht hatte. Walburga konnte auf den Vorschlag ihres Schwiegervaters zunächst gar nicht reagieren. Sie war nur sprachlos und schüttelte immer wieder ungläubig den Kopf, während Franzsepp sie ansah und auf eine Antwort wartete. Mit solch einem Vorhaben hatte sie so kurz nach dem Tod ihres Mannes nicht gerechnet. Nach einigen Minuten des Schweigens schaute Walburga ihrem Schwiegervater mit enttäuschtem Blick in die Augen und fragte ihn in ruhigem Ton: »Großvater, kennst du denn keine Trauer? Du hast keine Ahnung, wie es da drinnen, in meinem Herzen, aussieht. Du denkst immer nur an deinen Hof, die Güter und das Materielle. Ich kann und will mich mit solchen Gedanken derzeit nicht befassen. Lass mich damit in Ruhe und gebe mir noch etwas Zeit!«

Enttäuscht über sein vorschnelles Verhandeln in dieser heiklen Sache meinte sie noch mit einem vorwurfsvollen Blick: »Warum fragst du in solch einer vertraulichen Angelegenheit zuerst deinen Sohn und nicht mich?«

Enttäuscht und ohne weitere Worte zu verlieren, verließ Franzsepp daraufhin die Küche. Nachdenklich kochte Walburga das Mittagessen fertig. Kurz darauf kamen Robert und Friedel von der Feldarbeit nach Hause. Theresia setzte sich zum Erstaunen von allen, alleine an den Mittagstisch. Ihr Mann fühlte sich angeblich nicht wohl und hatte sich hingelegt, antwortete sie auf Roberts Frage nach seinem Verbleib.

Walburga wusste, warum es dem Altbauer nicht wohl war und warum er nicht wie an anderen Tagen als Erster zu Tisch kam. Mit seinem Anliegen hatte er Walburga kurz vor dem Mittagessen zum Grübeln und Nachdenken gebracht. Während des Essens fiel Robert die ungewöhnliche Verhaltensweise seiner Mutter auf. Er machte sich Gedanken, was sie so sehr bedrückte. Hatte sie während seiner Abwesenheit eine für sie belastende Nachricht erhalten? Sie sprach entgegen ihrer üblichen Art nur das Allernotwendigste. Am Morgen zuvor war sie noch recht gesprächig gewesen und hatte zu Robert und Friedel gesagt: »Also, ihr beiden, macht's gut und kommt auch rechtzeitig zum Mittagessen heim.«

Im Beisein der Großmutter wollte er seine Mutter nicht nach der Ursache ihres offensichtlichen Kummers befragen und sie eventuell in Bedrängnis oder in unangenehme Verlegenheit bringen. Erst am Abend getraute er sich, sie zu fragen, was ihr verändertes Verhalten am Mittag zu bedeuten hatte und was der Grund war, dass sie kaum redete. Selbst der Großmutter war ihr ungewöhnliches Verhalten aufgefallen, wie Robert bemerkte. Franzsepp hatte ihr also nichts von seiner wichtigen Unterredung mit Walburga erzählt. Ihm lag die positive Entscheidung Walburgas, auch auf Grund seines hohen Alters von über 85 Jahren, sehr am Herzen. Mit seiner Gesundheit und auch mit der seiner Frau Theresia war es nicht mehr zum Besten bestellt.

In den folgenden Tagen ließ der Altbauer deshalb seiner noch trauernden Schwiegertochter keine Ruhe und sprach sie, während sie im Stall mit dem Melken beschäftigt war, zum wiederholten Male wegen seines Vorschlags an. Hierbei nützte er jedoch wie schon zuvor die Abwesenheit von Friedel und Robert aus, um nicht von Robert an der Unterredung mit seiner Mutter gehindert zu werden. Dem Altbauer war bewusst, dass Robert strikt dagegen war, plötzlich einen weiteren Mann neben sich zu haben, der von nun an den Ton auf dem Hof angeben würde. Von seiner Mutter hatte er erfahren, dass nach dem Willen des Altbauern sein Onkel Ambrosius dieser künftige Mann sein sollte, was ihm jedoch nicht gefiel. Als Stiefvater erst recht nicht!

Aus seiner Kinderzeit kannte er den Brosi noch. Er wohnte damals bei seinen Eltern auf dem Hofe. Positive Erinnerungen an ihn hatte Robert jedoch nicht. Ein Kinderfreund war Ambrosius jedenfalls nie gewesen. Walburga war es nach weiteren Monaten leid, vom Altbauer immer wieder auf die angeblich gute Tat, den Ambrosius zu heiraten, angesprochen zu werden. Ein Jahr nach Leonhards tödlichem Unfall erklärte Walburga ihrem Sohn Robert bei einer längeren Unterredung, dass sie dem lästigen Drängen des Franzsepp nun doch nachgeben würde. Sie werde sich der alten, jedoch nicht sinnvollen Tradition beugen, auch wenn ihre innere Stimme sie von der Heirat mit

Ambrosius warnte. Der Entschluss, sich den Gebräuchen auf einem Bauernhof anzupassen, war ihr nicht leicht gefallen. Franzsepp würde jedoch keine Ruhe geben, solange er noch lebte.

So kam es, dass Walburga dem Altbauer bei ihrer Zusage, seinen Sohn Ambrosius zu heiraten, auch gleich zu verstehen gab, dass es für sie eine reine Zweckheirat sein wird und keinesfalls eine Heirat aus Liebe. Die Erinnerungen an ihren verstorbenen Mann würden sie immer begleiten. Robert blieb für Walburga auch in den kommenden Jahren eine wertvolle Stütze. Zu ihm hatte sie vollstes Vertrauen. Er würde ihr immer bei Entscheidungen den Rücken stärken. Walburga kannte Ambrosius, der Bruder von Leonhard. Sie hatte ihn in ihren ersten Ehejahren, als er noch auf dem Hof weilte, erlebt, bevor er zu ihrer großen Erleichterung endlich vom Hof wegzog. Ab diesem Augenblick kehrte wieder Ruhe im Haus ein. Wie oft lag Brosi mit Leonhard im Streit, weil er sich vor der Arbeit auf dem Hofe drückte, wo er nur konnte! Das waren allesamt keine sehr angenehmen Erinnerungen an ihn, sodass sie auch nur einer standesamtlichen Trauung zustimmte. Eine kirchliche Vermählung kam für Walburga nicht in Frage. Sie lehnte sie aus persönlichen Gründen ab.

Gegen diese Entscheidung hatte auch Brosi nichts einzuwenden, da er schon lange kein bekennender Christ mehr war. Nach seinen Prinzipien ließ es sich

Altbauer Franzsepp nicht nehmen, Walburga und Ambrosius in einem persönlichen Gespräch in der Stube auf dem Hof über Rechte und Pflichten als Ehepaar hinzuweisen. Über seine diesbezüglichen Bemerkungen regte sich Walburga auf und meinte: »Großvater, diese gut gemeinten Ratschläge hättest du deinem Sohn auch unter vier Augen geben können. Die sind für mich nichts Neues gewesen.«

Für sie war diese Aussprache eher eine überflüssige Zeitverschwendung als notwendige Information. Franzsepps ganz besonderer Wunsch galt dem Hof, der wie bisher nach Sitte und Brauch erhalten werden sollte.

»Seid Euch in Euren Handlungen einig und habt ein gesundes Vertrauen zueinander, dann werdet Ihr immer ein gutes Auskommen auf dem großen Fohrenhof haben«, sagte er abschließend zu ihnen. Ohne weitere Worte auf seinen gut gemeinten Ratschlag zu äußern, ging Walburga wieder an ihre Arbeit und ließ die beiden Männer alleine in ihrer Unterredung.

Auf Grund der bevorstehenden Trauung lud Altbauer Franzsepp seinen Sohn an einem Sonntag zu einer weiteren Aussprache beim gemeinsamen Mittagessen ein. Dabei gab es noch viele Dinge zu besprechen, die die Pflichten und insbesondere die Rechte des Brosi betrafen. So entstand fast der Eindruck, dass der Altbauer noch immer das Regiment auf dem Fohrenhof führen würde und nicht die Bäuerin Walburga. Wenige Tage vor der standesamtlichen Trauung kehrte Brosi mit seinen wenigen Habseligkeiten auf den elterlichen Hof zurück. Walburga hatte ihm eine Kammer im oberen Stockwerk des Hauses hergerichtet. Schon beim ersten Treffen mit Brosi hatte Walburga auf getrennte Schlafkammern hingewiesen und darauf bestanden. Die Zeremonie auf dem Standesamt des Rathauses dauerte nur eine halbe Stunde. Wilhelm, Walburgas Nachbar, war ihr Trauzeuge. Robert ließ sich zum Trauzeugen für Ambrosius überreden. Zwischenzeitlich hatte Friedel zur Feier des Tages für die sieben Personen ein deftiges Mittagessen, Schäufele, gesalzene Ripple, Kartoffelbrei und Sauerkraut, zubereitet. Alles aus eigener Produktion des Hofes.

Im Gegensatz zu ihrem verstorbenen Leonhard ging Ambrosius schon zu Beginn als neuer Bauer, genauso wie früher, der Arbeit aus dem Weg. Leonhard war ein fleißiger, strebsamer und unermüdlicher Bauer mit einer gesunden Einstellung zur Pflege von Tier, Feld und Wald gewesen. Was Robert schon im Vorfeld geahnt hatte, trat kurze Zeit später ein. Der ehrgeizige Fleiß und Arbeitswille des Brosi, des neuen Bauern, ließ schon nach wenigen Wochen sehr schnell und merklich nach. Mit fadenscheinigen Ausreden entzog er sich oftmals von Arbeiten zurück und überließ sie Robert und Friedel. In vielen Situationen verglich Walburga enttäuscht den lustlosen Arbeitswillen von

Brosi mit dem ihres verunglückten Leonhard. Brosi nahm es auch mit der ehelichen Treue nicht so genau, was selbst in der Öffentlichkeit kein Geheimnis mehr war.

Viele Dinge auf dem Hofe musste Walburga nun selbst in die Hand nehmen. Vor allem Arbeiten, die zuvor ihr erster Ehemann als seine Aufgaben übernommen hatte. Da stand ihr nun glücklicherweise Robert hilfreich zur Seite. Auch ihm fiel es nicht leicht, mit seinem Stiefvater zusammenzuarbeiten. Brosi spielte Robert gegenüber seine Macht als neuer Hofbesitzer in übertriebener Weise aus. Als Neubauer fehlte Brosi gleich zu Beginn seiner landwirtschaftlichen Aufgaben der Überblick in den Arbeitsabläufen und deren Koordinierung. Von Robert ließ er sich nicht gerne in die Arbeiten einweisen, obwohl sie ihm in vielen Belangen fremd waren.

Im Laufe der Zeit zeigte Brosi immer mehr seinen unberechtigten Bauernstolz in der Öffentlichkeit, im Gegensatz zu seinem Bruder Leonhard, der sich nach außen hin stets bescheiden verhielt. Dem Ambrosius blieb es nicht verborgen, dass sich Robert immer öfter mit der Magd Friedel unterhielt. Mit Neid musste er zusehen, wie er ihr bei verschiedensten Arbeiten behilflich war und ihr zur Hand ging. Das gefiel ihm ganz und gar nicht. Er gönnte seinem Stiefsohn diese Liebschaft mit Friedel nicht. Unberechtigte Eifersucht und Neid machten sich bei ihm bemerkbar.

Zunehmend ließ er in Anlehnung seines Zorns, Arbeiten unverrichteter Dinge liegen, die dann Robert erledigen musste. Von Anfang an verhielt sich Brosi Friedel gegenüber ablehnend und fast feindlich. Sehr schnell spürte sie, dass er sie nicht schätzte und sie als zukünftiges Familienmitglied missachten würde. Dieses Gefühl nahm ihr auch den Mut, sich mit ihm in irgendeiner Weise zu unterhalten. Ihr war schnell klar geworden, dass dies mit ihrem Aussehen und der leicht veränderten Aussprache zu tun hatte. Diese unerfreuliche Erfahrung musste sie auch schon in früheren Jahren machen.

Unsittliche Belästigungen

Neubauer Ambrosius war kein Unschuldsengel, was Respekt und Achtung im Umgang mit den Frauen betraf. Sein bisheriger Lebenswandel als Junggeselle war den Leuten auf dem Fohrenhof nicht annähernd bekannt. Liebe und Treue waren für ihn nie ein Lebensziel gewesen. Daher fiel es ihm sehr schwer, fortan für seine Frau ein treuer und gestandener Mann zu sein. Der Gedanke an das künftige Leben auf dem Hof, abseits des Dorfes und der Menschen, unter denen er sich bisher wohlfühlte, behagte ihm ganz und gar nicht. Hier oben auf dem Hof war es nur die Magd, mit der er vermeintlich seine lustvolle Gier ausleben konnte, ohne dass seine Frau, die Bäuerin davon erfahren würde.

Anfangs wurden seine hinterlistigen Annäherungsversuche von Friedel, der stämmigen, aber feschen Magd, nicht ernsthaft wahrgenommen. Nach wenigen Wochen ließ es aber Brosi bei den Stallarbeiten darauf ankommen. Friedel saß auf dem Melkschemel und war mit dem Melken der letzten Kuh beschäftigt. Nun wollte Brosi herausfinden, wie sie wohl reagierte, wenn er sie mit beiden Händen von hinten umfasste. Trotz der von ihr gezeigten Abwehr nutzte er die Gelegenheit nach wenigen Minuten erneut ein zweites Mal, während sie noch am Ausmelken der Kuh war. Er fasste ihr von hinten an ihre Brüste. Mit dem gefüllten Melkeimer zwischen den Knien konnte sie sich gegen seine freche Anmache nicht wehren, ohne die Milch zu verschütten. Das wusste er auch. Dieses verwerfliche Verhalten seiner Magd gegenüber und das auf dem eigenen Hof, hätte Friedel von ihm nie erwartet. Ohne ein Wort zu reden, enttäuscht und mit hochrotem Gesicht, verließ sie eiligst den Kuhstall, ohne den Melkschemel von der Kuh noch wegzustellen. Verdutzt und überrascht von ihrer Reaktion, konnte Brosi ihr nur noch nachschauen.

Einige Tage danach war Friedel im Keller damit beschäftigt, das gehobelte Weißkraut in die große Holzstande, einen fassähnlichen Behälter, zu füllen und einzusalzen. Daraus würde später das würzige Sauerkraut zu gekochtem Speck und Salzkartoffeln entstehen – ein typisch badisches Essen. Diese Gelegenheit, ohne beobachtet zu werden, nutzte der Bauer abermals, um sich Friedel zu nähern. In auffälliger Weise werkelte er in ihrer Nähe herum, damit es den Anschein hatte, er müsse hier eine wichtige Arbeit verrichten Als Friedel sich über den Rand der Krautstande beugte, um sie mit dem geschnittenen Weißkraut zu befüllen, begrabschte er sie abermals, sodass sie erschrak und unwillkürlich laut aufschrie. Sie hatte sein Annähern von hinten nicht bemerkt. Durch ihren lauten Aufschrei verließ der Bauer eiligst den Keller und lief zum Wagenschopf. Dort beschäftigte er mit den Gerätschaften, als wäre er schon länger damit zugange gewesen. Beim Abendessen in der Küche saß Friedel ihm gegenüber und würdigte ihn keines Blickes. Aus Scham ließ sie sich nicht anmerken, was am Nachmittag im Keller vorgefallen war.

An den darauffolgenden Tagen bemühte sich der Brosibauer, bei ihr wieder »gutes Wetter« zu machen, indem er ihr bei verschiedenen Arbeiten besonders behilflich entgegenkam. Dabei führte er einen weiteren Versuch im Schilde, doch noch ihre Gunst zu gewinnen.

So nutzte er die Gunst der Stunde, als die Bäuerin für drei Tage auf einer Wallfahrt war. Die Kammer der Magd lag im Obergeschoss und seine Schlafkammer ebenfalls. Die Kammertüren wurden im ganzen Haus nie abgeschlossen, selbst die Haustür nicht. So war es ein Leichtes für den Lüsternen, in die Kammer seiner Magd zu gelangen, während sie schlief. Doch das Knarren der alten Dielen auf dem Kammerboden vermieste ihm sein wohllustiges Vorhaben. Friedel wachte durch das markante Geräusch auf und erkannte Brosi. Sie fuhr auf und drohte: »Ich rufe Robert, wenn du nicht sofort verschwindest und mich in Ruhe lässt!«

Aus Angst, die Altbauern Theresia und Franzsepp könnten erwachen, brach Brosi verärgert sein Vorhaben ab und verschwand, ohne auch nur ein Wort zu sagen, aus der Kammer, Die Schmach, erwischt zu werden, wollte er sich ersparen. Am kommenden Morgen erschien der Bauer nicht wie üblich zum Frühstück. Die Bäuerin war noch einen weiteren Tag auf Wallfahrt.

So saßen Robert und Friedel alleine am Frühstückstisch. Die Großeltern ließen sich morgens immer viel Zeit und nahmen ihr Morgenessen später zu sich. Da fasste Friedel den Mut und beschwerte sich bei Robert über das unsittliche Verhalten des Bauern. Sie erzählte ihm, dass sie bei ihrer Arbeit schon des Öfteren vom Bauer unsittlich belästigt worden sei. Robert war völlig sprachlos und konnte nicht begreifen, was der Brosi ihr angetan hatte. Ihn packte die Wut. Er war zutiefst enttäuscht über so viel Unverfrorenheit und die Missachtung der Würde einer jungen Frau. Und das im eigenen Haus, in der eigenen Familie!

So unwahrscheinlich ihre Äußerungen auch schienen, so glaubte er ihr doch jedes Wort. Robert bat sie inständig, ihn künftig sofort zu rufen, sollte sich Brosi ihr ein weiteres Mal in unsittlicher Weise nähern. Dieses abscheuliche Verhalten des Bauern lasse er nicht länger zu, gab er ihr zu verstehen. Sollte sie ein weiteres Mal von ihm unsittlich angegriffen werden, müsste er damit rechnen, dass durch die behördliche Meldung strafrechtliche Konsequenzen auf ihn zukämen. Als Robert und Friedel alleine auf dem Feld waren und sie niemand stören konnte, schüttete sie ihm erneut ihr Herz aus. Sie klagte ihm: »Robert, ich kann diese Ängste vor weiteren Belästigungen des Bauern nicht mehr länger ertragen. Bin so unsicher geworden bei der Arbeit, wenn ich alleine bin. Ich muss mich immer umsehen, ob er sich nicht irgendwo in meiner Nähe aufhält oder unbemerkt plötzlich hinter mir steht. Wenn das nicht aufhört, werde ich den Hof verlassen müssen, auch wenn es mir sehr schwer fallen würde.«

Diese ernst zu nehmende Aussage seiner Freundin brachte Robert noch mehr in Rage gegen den Mann seiner Mutter. Plötzlich sah er die Gefahr, seine lieb gewonnene Freundin wieder zu verlieren, wenn er nicht rechtzeitig handelte. Sofort erklärte Robert, dass er alles tun werde, um sie vor weiteren bösen Attacken des Bauern zu schützen. Für ihn war jetzt die Zeit gekommen, Friedel zu beweisen und zu bestätigen, welchen Stellenwert sie mittlerweile in seinem Leben eingenommen hatte.

Mit einem lächelndem Blick und liebevollen Worten wandte er sich ihr zu, fasste Mut, nahm ihre Hände und sagte: »Friedel, ich sagte dir schon, ich lasse das, was geschehen ist, nicht mehr zu. Ich habe dich lieb und dich in mein Herz geschlossen. Ich will dich nie mehr verlieren. Du sollst auf unserem Hofe bleiben und zwar für immer. Ich liebe dich.«

Jetzt war es endlich gesagt. Schon seit längerer Zeit wollte Robert ihr eine Liebeserklärung machen, doch ihm zuvor fehlte der Mut, zumal sie seine erste Liebe war. Friedel lächelte ihn an, drückte ganz fest seine Hand und sah ihn liebevoll an. Von ihren Lippen kamen dir Worte: »Robert, ich habe dich auch lieb gewonnen.«

Mehr konnte sie aus lauter Freude nicht aussprechen. Auch für sie war es die erste Liebeserklärung, und sie konnte nicht glauben, dass dieser lang ersehnte Augenblick endlich Wirklichkeit wurde. In ihrem bisherigen Alltagsleben im Heim konnte sie sich nicht vorstellen, jemals in einer Familie sich so geborgen zu fühlen, wie sie es auf dem Fohrenhof nun erleben durfte. Ab sofort war es kein Geheimnis mehr, dass sie sich liebten und zusammen bleiben wollten. Den Leuten auf dem Hofe und in der Nachbarschaft zeigten sie nun offiziell ihre Verbundenheit und machten fortan keinen Hehl mehr daraus, dass sie sich liebten. Auch seiner Mutter und den Großeltern fiel bei dieser Nachricht ein großer Stein vom Herzen. Es sollte für Brosi künftig eine Warnung und Signal sein, die Friedel nie mehr zu belästigen. Robert hatte ihr versprochen, ihn beim kleinsten Ärgernis zur Rechenschaft zu ziehen.

Seltenes Naturereignis

Rosa – im Dorf wurde sie nur das »Rosele« genannt – war mit Wilhelm Trenkle, einem Bauarbeiter mit einer kleinen Landwirtschaft, die er als Nebenerwerb betrieb, verheiratet. Sie lebten in unmittelbarer Nachbarschaft des Fohrenhofes. Rosele, eine zierliche Frau mit freundlichem Wesen, liebte schon seit ihren Kindheitstagen die Natur mit all ihrer Schönheit und Vielfalt an Blumen und Pflanzen in Wald und Fluren. Die Nähe des Waldes ermöglichte es ihr, ihre beiden Kinder Anna und Jakob schon im frühen Kindesalter bei ihren Spaziergängen in den Wald mitzunehmen. So erlebten auch sie schon sehr früh die blühende Natur, auf die ihre Mutter sie gerne hinwies. Das Sammeln von Heilpflanzen wie Bärentraube und die rosige Kelchblüthe des Seidenbastes, dessen starker, leicht süßlicher Wohlgeruch die Waldluft würzte, hatten es ihr angetan. Die Verwendung und Zubereitung der Heilkräuter, hatte das Rosele von ihrer Mutter gelernt. Zur gegenwärtigen Zeit, auf der Schwelle zwischen Erstfrühling und Vollfrühling, zeigte sich der Waldboden in den Buchenwäldern von seiner schönsten Seite, übersät von weißen Buschwindröschen und dem Lerchensporn, der rot, violett oder weiß blühte. Farbenfroher ist der Wald nur noch im Herbst, wenn die Laubbäume ihr farbenreiches Kleid überziehen.

Nach den zurückliegenden kargen Wintermonaten zog es »Rosele« bei ihren Wanderungen im Frühjahr dieses Jahres öfter in den Wald. Jakob und das Annele hatten ihre besondere Freude, wenn sie mit ihrer Mutter im Sommer zum Beerenpflücken in den Wald mitgehen durften und im Frühjahr im jungen Tannenwald die neuen, frisch gewachsenen, leicht klebrigen Tannenschössle von den Zweigenden abzuzupfen. Waren ihre Stoffsäckle voll, ging es flugs wieder heim, denn erlaubt war das Sammeln und Entfernen dieser jungen Austriebe nicht. Denn nach ihrem Entfernen, war das Wachstum der Äste gehemmt. Rosa kochte aus den duftenden Schössle, unter Zugabe von Zucker und Wasser, einen bekömmlichen Honig, der ein köstliches Aroma nach frischem Tannenduft aufwies. Er war als der »Armeleutehonig« bekannt. Mit dem originalen dunklen und echten Tannenhonig, für den die fleißigen Bienen des alten Fohrenhofbauern alljährlich sorgten, konnte man ihn nicht vergleichen. Der Franzsepp war ein Imker aus Leidenschaft und bekannt für seinen aromatischen, echten dunklen Tannenhonig aus dem eigenen Tannenwald, in dem er an besonders geeigneten Standpunkten seine Bienenvölker stehen hatte.

Die Tanne bekam ihren Namen vom altgermanischen »tan«, dem Feuer, ist demnach ein Feuerbaum. Mit ihr lässt sich schnell ein solches entfachen, zudem mit betörendem Duft. Sie galt als heilig, als Wohnsitz der Götter, und noch heute findet man Tannen, die mit einem Kreuz oder Marienbild versehen sind. Ihr ätherisches Öl ist erwärmend, durchblutungsfördernd, antibakteriell, fördert Abhusten von Schleim und wirkt bei Muskel- und Nervenschmerzen, rheumatischen Erkrankungen entspannend.

Die Fichte ist mit der Tanne verwandt und stellte die Irminsäule dar. Freistehende Bergfichten sprechen von einst und lassen verstehen, warum die Fichte als Schutzbaum, als Mutter- und Lebensbaum galt. Dieser nahm Krankheiten vom Menschen, auch das Harz war Schutz, fand Verwendung als Pflaster, war Bestandteil zahlreicher Salben bei Rheuma, Gicht, Hexenschuss und Gliederschmerzen. Die Zweige wirken schleim- und hustenlösend. Der Honig hilft bei grippalem Infekt.

Es war Mai und ein Hauch von zartem Tannenduft strömte in Roseles Nase, als sie alleine bei ihrem geliebten Spaziergang durch den hohen Tannenwald ging. Ein angenehmes Gefühl und Empfinden begleitete sie auf ihrem Waldspaziergang. Der Wind blies den durch die Sonnenstrahlen sichtbaren hellgelben

Blütenstaub von den hohen Weißtannen durch die Luft. Immer tiefer begab sie sich hinein in den von Fichten und von Weißtannen durchwachsenen Wald. In diesem Jahr blühten die Tannen und Fichten auffällig und sehr üppig, was nach vier bis fünf oder gar sieben Jahren der Aussetzung nicht oft vorkam. Bis zu ihrer ersten Blüte benötigten die Tannen eine Wachstumszeit von bis zu fünfzig Jahren. Doch es blühen nicht alle Fichten auf einmal. In manchen Jahren wurde die Tannenblüte kaum beachtet, da sie nicht so intensiv war. Aber immer wieder gab es Jahre, in denen besonders viele Nadelbäume, vor allem Fichten, blühten bzw. »fruchteten«.

Das traf nun in diesem Jahr zu. Alle Fenster, Autos und Balkone waren mit Blütenstaub bedeckt. Die Leute sagten: »Aha, dieses Jahr blüht wieder der Wald!« Lange Zeit wusste niemand etwas von einem blühenden Wald mit seinen verschiedenen Auswirkungen auf die Menschen und dessen möglichen Folgen. Sie beachteten deshalb das Blühen der Tannen und Fichten kaum. Manche spürten aber eine Veränderung ihres Wohlbefindens nach einem Spaziergang durch die blühenden Nadelholzwälder, maßen dem jedoch keine besondere Bedeutung zu.

Suche nach dem Rosele

Rosa war es gewöhnt, so oft es ihr möglich war, sich draußen an der frischen Luft zu bewegen. Ihre Gesundheit war nicht mehr die Beste. Viel frischen Sauerstoff zu tanken empfahl ihr schon immer ihr Arzt. Der nahe gelegene Wald bot ihr die Gelegenheit, auf den Spaziergängen gesund und tief durchzuatmen. Auf dem Weg durch den sonnendurchfluteten Hochwald fühlte sie sich immer sehr schnell wieder erholt. Die idyllische Atmosphäre durch das Aufblühen der erwachenden Natur erfreute sie auch an jenem Nachmittag im Mai. Wilhelm, ihr Ehemann war der Meinung, dass Roseles Unwohlsein, welches sich in wiederholenden Schüben als sehr lästig darstellte, bei einem ausgedehnten Waldsparziergang von alleine verschwinden würde. Das neue und junge Leben am Wegesrand mit den verschiedenen Sträuchern und den Jungpflanzen, die im Frühjahr im Hochwald aufwuchsen, weckte stets ihr Interesse. Die artenreiche Fauna des Bergwaldes wuchs dem Rosele schon in ihrer frühesten Jugend ans Herz. Diese angenehme Ruhe in der Weite des Waldes fesselte sie sehr. Hier fühlte sie sich, wenn sie in ihrer krankhaften, vermeintlichen Hektik allein sein wollte, wohl. Besonders das Tannenblühen faszinierte sie auf eine sehr angenehme Weise.

Noch wusste Rosa nicht, dass diese Blütenpollen in noch unbekannter Weise auf sie allergisch einwirkten. Auf ihrem Spaziergang bemerkte sie nicht, dass sie in dem großen Waldgebiet die Orientierung verloren hatte. Das Einatmen des Blütenstaubes, der sich vermehrt in der Luft befand, rief bei ihr eine allergische Reaktion hervor, die sie nicht wahrnahm und bisher auch noch nicht festgestellt hatte. Von der Schöpferkraft des Frühlingswaldes berauscht, verirrte sie sich immer mehr in der Weite des Bergwaldes. Mittlerweile ging am Horizont die Sonne unter. Der Abend nahte, und das Rosele lief immer noch im Wald umher, ohne an den Heimweg zu denken. Sie selbst bemerkte ihre Verwirrung nicht. Auch ihr Zeitgefühl war ihr völlig abhanden gekommen. Längst ging sie nicht mehr den üblichen Weg entlang. Sie lief querfeldein im Hochwald zwischen den Bäumen ziellos herum. Das hatte sie schon als Kind gerne getan, wenn sie mit ihrer Mutter im Wald war. Auf dem Weg zu bleiben und neben ihrer Mutter herzugehen, fiel ihr schwer. Viel lieber tobte sie im Wald herum. Mittlerweile gelangte sie an eine Wegegabelung. Ein verwittertes Bildstöckle, in Sandstein gehauen, das an ein früheres Unheil an dieser Stelle erinnerte, lud sie zum Verweilen ein. Sie setzte sich unmittelbar daneben auf den Erdboden. Von der großen Wanderung war sie müde geworden. Ohne jegliche Reaktion blieb Rosa neben dem Martl mit dem Kreuz auf dem Dächle sitzen, obwohl schon langsam die Nacht hereinbrach. Als sie nach einer gewissen Zeit sich erhob, um weiterzuziehen, ließ sie unbemerkt ihr Kopftuch am Boden zurück. Ohne ihr geblümtes Kopftuch ging Rosa nie aus dem Hause. In der einbrechenden Dunkelheit entfernte sie sich immer mehr vom sicheren Weg und lief unbeirrt durch den Tannenwald hoch, dem gefährlichen Hochmoor entgegen. Aber sie wusste ja schon längst nicht mehr, in welchem Gebiet sie sich gerade befand.

Rosele ahnte nicht, dass ihr Mann Wilhelm und ihr Sohn Jakob sich schon am späten Nachmittag große Sorgen über ihr langes Fortbleiben machten. Annele, ihre Tochter, arbeitete den ganzen Tag in der Damenschneiderei und wusste nichts vom Ausbleiben ihrer Mutter. Sie wunderte sich nur, dass niemand anwesend war, als sie in der Dunkelheit nach Hause kam. Am Morgen beim Verlassen des Hauses hatte ihr die Mutter noch viel Freude bei der Arbeit und einen zufriedenen Arbeitstag gewünscht. So konnte sie nicht wissen, dass ihr Vater mit ihrem Bruder Jakob schon auf der Suche nach ihrer Mutter war. Auch die anderen männlichen Nachbarn hatten sich ihnen angeschlossen. Die Wege, die das Rosele gewöhnlich auf ihren Spaziergängen benutzte, waren ihnen bekannt. Wilhelm und sein Sohn Jakob borgten sich beim Fohrenhofbauern eine große Sturmlaterne, die einen besonders hellen Schein erzeugte. Robert füllte ihnen in die Laterne noch schnell Petroleum nach, das mehrere Stunden lang für sichere Helligkeit sorgten würde. Brosi und Robert machten sich ebenfalls mit zwei hell leuchtenden Laternen auf den Weg, um in dem großen und teils steilen Waldgebiet nach der verschollenen Rosa zu suchen. Stefan und sein Vater Alois Kaltenbach vom unteren Nachbarhof boten sich ebenfalls bereitwillig an, sich an der Suche zu beteiligen. Als langjährige Nachbarsleute pflegten sie untereinander ein freundschaftliches Verhältnis. Nachdem Wilhelm allen nähere Anweisungen gegeben hatte, teilten sie sich in drei Gruppen auf. Mit der Ungewissheit, in welchem Teil des großen Bergwaldes Rosa sich aufhalten könnte, trennten sie sich am Waldrand des Hochwaldes und gingen im Schein ihrer Lampen in verschiedene Richtungen, um nach der Vermissten zu suchen.

Es sah gespenstisch aus, als die Männer mit ihren Lampen den finsteren Wald durchquerten. Bei Wilhelm traten berechtigte Ängste auf, dass Rosa sich in der Dunkelheit auf einem der schmalen und gefährlichen Pfade verirrt haben könnte. Sie hätte in der Nähe des Wasserfalls geraten und dabei im steilen Gelände zu Fall kommen können. Daher konzentrierten sich Stefan und sein Vater Alois bei ihrer Suche auf das angrenzende Gebiet des Wasserfalls. Wilhelm und sein Sohn Jakob liefen den Weg, den das Rosele als ihren »Lieblingsweg« bezeichnete, nach, in der Hoffnung, sie irgendwo am Wegrand sitzend anzutreffen.

Immer wieder hallten die Rufe der Suchenden durch die Nacht: »Rosa wo bist du? Rosele, gib Antwort, wenn du uns hörst!« Doch niemand antwortete. Das Blöcken eines Rehbocks, der sich in seinem Revier gestört fühlte, hallte durch den Wald. Wilhelm forderte immer wieder seinen Sohn auf, gut auf die vereinzelt herumliegenden Findlinge zu achten. Die Mutter könnte sich vor Müdigkeit vielleicht an einem dieser großen Felsen zum Anlehnen und Ausruhen hingesetzt haben.

Gefahr im Hochmoor

Mit großer Sorge suchten sie auch die Gegend um das weiter entfernte, gefährliche Hochmoor ab. Alle wussten, dass diese Gegend dem Rosele nicht fremd war. Schon in ihrer Kindheit war sie sonntags mit den Eltern ab und zu in diesem Stück unberührter Natur unterwegs gewesen. Auf den Grünflächen zwischen Bergkiefern, den Binsen und Gräser zeigten sich Sumpfblutaugen, Fieberklee, Rosmarinheide und blühendes Wollgras. Dazwischen versteckten sich Moosbeeren und der insektenfangenden Sonnentau. Wenn sie die Grünflächen betrat, bewegten sich die Pflanzen und Gräser und der Boden schwabbelte unter ihren Füßen. Das reizte das Annele besonders. Ihre Mutter zeigte ihr, wie sie mit den üppig wachsenden, hohlen Binsenpflanzen verschiedene Dinge basteln konnte. Eine große Freude hatte das Annele an den farbenprächtigen Libellen mit den großen Flügeln, die in dem Feuchtgebiet in großer Zahl durch die Luft schwirrten und sich auf das ruhige Wasser niederließen. Im Zentrum dieses Hochmoors, im Gebiet zwischen Schonach und Schönwald, hatte sich im Laufe vieler Jahrzehnte ein Moorsee, der »Blindensee« gebildet, dessen ruhige Wasseroberfläche eher schwarz als klar war. Seinen Namen hat er vom alten Gabriel Kern. Der war blind und Besitzer des Anwesens, zu dem das Hochmoor gehörte – des »Blindenhofes«. Um diesen See rankten sich gar manche geheimnisvolle Geschichten und Sagen, die ihn wie mit Nebel umhüllten und die Besucher an mystische Zeiten erinnerten. Daher machten viele Leute auf ihren Wanderungen einen weiten Bogen um diesen geheimnisvollen Weiher. So wurde auf Rücksicht zur Natur dieses Gebiet sich selbst überlassen und bis zum heutigen Tage als Naturschutzgebiet ausgewiesen.

Eine Sage erzählt, dass vor langer Zeit ein fürchterliches Gewitter den Streit zweier benachbarter Bauern beendet habe. Die Streithähne samt ihren Gehöften seien vom Blitz getroffen und eingeäschert worden. An der Stelle, an der die Häuser standen, habe sich dann der Moorsee ausgebreitet. Später sollte angeblich einmal eine Kuh im Moorsee verschwunden und danach auf wunderbarere Weise in der Freiburger Gegend wieder aus unergründlichen Tiefen aufgetaucht sein. Fest steht, dass der See auch schon Menschen verschlungen hatte, die aber nie in Freiburg angekommen waren. Auch heißt es, dass einstmals die jungfräuliche Mutter Maria das Gewässer mit einem dichten Fadengespinst umwoben habe, damit es nicht über die Ufer trete und das Tal überschwemme. Jahr für Jahr aber faule ein Faden und wenn der letzte vermodert sei, dann brechen das Wasser und das Unglück über die Menschen herein. Dies werde in der Zeit geschehen, in der sich das Volk im nahen Dorf zu Bartholomäi auf dem Jahrmarkt vergnüge. Ein Jahrmarkt wurde deshalb zum Wohle des Dorfes schon lange nicht mehr abgehalten, weder an Bartholomä noch an einem anderen Tag des Jahres.

Doch einigen Bürgern ließ dieser mystische Moorsee keine Ruhe. Sie wollten unbedingt die Tiefe des runden Gewässers ergründen. Kaum waren sie mit ihrem kleinen Boot in der Mitte des sagenumwobenen Weihers angekommen, hörten sie aus der Tiefe eine mysteriöse Stimme: »Wollt ihr mich messen, so werd ich euch fressen«. Erschrocken und ihrer Stimme beraubt ruderten sie mit rasanter Geschwindigkeit und höchster Kraft wieder an das nahe Ufer zurück. Sie kehrten dem Moorsee eiligst den Rücken und verschwanden auf Nimmerwiedersehen. Aufgrund der vielen Sagen und Geschichten, die sich um den See in diesem Hochmoor rankten, wagte sich kein Mensch mehr nachts auch nur in die Nähe dieses Hochmoors.

Doch Robert, der Sohn des Fohrenhofbauern, kannte sich in dieser Gegend gut aus. Schon als Bub sprang er zusammen mit Flori, seinem Bruder, auf dem wackeligen Gelände herum, obwohl der Vater ihnen dies strikt verboten hatte, denn sie hätten plötzlich einsinken und sich nicht mehr aus eigner Kraft befreien können. Robert und Brosi befanden sich nun in diesem gefährlichen Gebiet. Nachdem sich Brosi weigerte, weiterzugehen, trennte sich Robert von ihm. Er wagte es, alleine das Gebiet um den sagenumwobenen See herum abzusuchen. Ihm war bewusst, wie gefährlich es für ihn selbst war, in stockfinsterer Nacht im Schein seiner Laterne dem See mit dem unbefestigten Ufer sich zu nähern. Die wild wachsenden Sträucher jeglicher Art erschwerten ihm die Sicht.

Nach einer Stunde kehrte Robert erfolglos aus dem Hochmoorgebiet in den Hochwald zurück. Mittlerweile war es Mitternacht geworden. Die feuchte Luft wurde merklich kühler. Brosi ging die Suche nach dem verschollenen Rosele schon viel zu lange. Er machte seinem Stiefsohn Robert den Vorschlag, die Suche abzubrechen und bei Tageslicht erneut nach ihr zu suchen. Das erzürnte den Robert derart, dass er ihn spontan mit den Worten: »Dann geh doch und hau ab, wenn du kein Gefühl für ein Menschenleben hast und dir das Wohl vom Rosele nicht mehr wert ist«, wegschickte. Für Robert kam der Vorschlag von Brosi überhaupt nicht in Frage. Er wusste zu gut, wie oft Rosa mit Wilhelm, ihrem Mann, seinen Eltern auf dem Feld und der Wiese uneigennützig geholfen hatte, wenn sich am Himmel plötzlich ein herannahendes Gewitter zeigte. Nach seiner lapidaren Bemerkung: »Die werdet ihr nie finden«, trennte sich Brosi von Robert und machte sich alleine auf den Heimweg. Wilhelm mit Sohn Jakob und Stefan mit seinem Vater Alois suchten weiter mit Robert nach dem verschollenen Rosele.

Robert konnte das kaltherzige Verhalten seines Stiefvaters nicht verstehen und dachte bei sich, was er wohl daheim erzählen werde, wenn er alleine zurückkommt. Wilhelm und Jakob waren bei ihrer Suche unbewusst auf den Weg geraten, den das Rosele zuvor auch gegangen war. Plötzlich sah Jakob im Schein der Laternen das ihm bekannte Kopftuch seiner Mutter am Wegrand liegen. Sofort hatten sie Hoffnung, dass das Rosele in der Nähe sein müsste. Aber auch in der näheren Umgebung war sie nicht zu finden. Erneut riefen sie lauthals und vergeblich nach ihr.

Es verging eine weitere halbe Stunde. Da vernahm Robert einen unüberhörbaren Schrei, der durch die Stille der Finsternis drang.

»Wir haben sie gefunden! Kommt schnell zur Donnareiche!«, rief Stefan mehrmals aus voller Kehle.

Sein Rufen konnten auch Wilhelm und Jakob hören, die auf kürzestem Wege querfeldein durch den Wald zu der markanten Baumgruppe eilten. Auch Robert nahm den kürzesten Weg dorthin. Alois und sein Sohn Stefan hatten Rosa regungslos an einem Findling angelehnt, auf dem Boden sitzend gefunden. Im Schein ihrer Laternen sahen sie ihre geschlossenen

Augen und die gefalteten Hände. Sie sah aus, als ob sie im Gebet eingeschlafen wäre. Rosele zeigte, auch als sie angesprochen wurde, keinerlei Reaktionen. Wegen der Kühle der Nacht legte Alois ihr sofort seine Jacke um ihre Schultern. Nur kurze Zeit später trafen Wilhelm mit Jakob und danach auch Robert ein. Wilhelm, ihr Mann, kniete sofort vor seine verwirrte Frau hin, zog sie an sich und sprach sie an: »Rosa, was ist mit dir? Hörst du mich? Schau mich an! Wie geht es dir?«

Rosele zeigte aber keinerlei Reaktionen. Erst nach mehrmaliger Wiederholung seiner Worte öffnete Rosele ihre Augen und starrte ihren Mann an. Kein Wort kam aus ihrem Mund. Wilhelm erkannte die Notlage, in der sich seine Frau befand, und bat die anderen, schnellsten eine Trage herzurichten. Seine Frau war nicht mehr in der Lage, sich zu bewegen.

»Wir müssen sie schnellstens heimtragen, da hilft alles nichts«, war sein einziger Kommentar. Mit zwei Stangen von jeweils 2,50 m Länge fertigten sie eine sichere Trage für Roseles Transport. Wilhelm, Jakob, Robert und Stefan zogen ihre Jacken aus und legten sie mit der Außenseite hintereinander gereiht auf den Boden. Eine Stange wurde durch die vier linken Ärmel und die andere Stange durch die rechten Ärmel geschoben. Willenlos ließ sich Rosa von den Männern hochheben. Behutsam legten sie die verwirrte Frau auf die improvisierte Trage. Nach gleichzeitigem Anheben liefen sie in forschem Schritt, aber vorsichtig und im Schein der Laternen den Bergwald hinunter. Das Rosele blieb auf der gesamten Strecke regungslos liegen und bewegte sich nicht.

Roseles Tochter Annele hatte zwischenzeitlich von Walburga erfahren, dass die Männer nach ihrer Mutter suchten. Mit gespannter Erwartung fieberte sie voller Sorge und Ungeduld der Rückkehr der Suchmannschaft entgegen. Sie hielt es im Haus nicht mehr aus und wartete zusammen mit Walburga vor der Haustüre auf ihr Eintreffen. Friedel blieb daheim auf dem Fohrenhof. Erst weit nach Mitternacht erreichten die fünf Männer im Schein von nur noch einer Laterne mit dem Rosele auf der notdürftigen Trage das Haus. Mit Tränen in den Augen lief das Annele den Männern entgegen und erfasste die Hand ihrer Mutter. Walburga öffnete ihnen die Tür zur Schlafkammer. Behutsam legten sie die regungslose Rosa mitsamt der Kleidung in ihr Bett. Nach wenigen Minuten bewegte Rosa ein wenig ihre Hände und öffnete kurz die Augen. Das erfreute die Männer, die noch anwesend waren. Rosas starrer Blick verriet ihnen jedoch, dass sie noch immer verwirrt und nicht ansprechbar war. Wilhelm versuchte, seiner Frau mit etwas Wasser Kreislauftropfen zu geben. In den letzten Jahren hatte sie mehrmals bei einem aufkommenden Unwohlsein diese Tropfen zu sich genommen. Die ganze Nacht hindurch wachten Wilhelm und Anna abwechselnd an Roseles Bett und versuchten immer wieder, ihr die dringend notwendige Flüssigkeit einzuflößen.

Am frühen Morgen veranlasste der gerufene Arzt ihre Einweisung ins Krankenhaus. Das Rosele war immer noch nicht ansprechbar. Trotz der geöffneten Augen konnte sie die kurzen Fragen des Arztes nicht beantworten. Dank der medizinischen Versorgung und guten Betreuung im Krankenhaus erholte sich das Rosele zusehends und konnte sich auch wieder äußern. Neben der akuten Kreislaufschwäche hatte auch ihr Erinnerungsvermögen stark gelitten. Sie konnte sich nicht mehr daran erinnern, was am Tage zuvor geschehen war. Trotz der guten Betreuung wollte das Rosele nach zwei Wochen Krankenhausaufenthalt wieder nach Hause zu ihrer Familie.

In Anbetracht des schwerwiegenden Vorfalls durfte sie trotz mehrmaligen Drängens aber erst nach einem Monat das Krankenhaus verlassen und wieder zu ihren Leuten auf den Fohrenbühl zurückkehren. Auch zu späterer Zeit konnte Rosa sich nicht mehr erklären, wie es dazu kam, dass sie bei ihrem gewohnten Spaziergang im Wald nicht mehr nach Hause finden konnte. Wilhelm untersagte ihr, in Zukunft alleine Spaziergänge im Wald zu unternehmen. Die Leute im Dorfe erzählten, dass schon in früheren Jahren in der Zeit ungewöhnlich starker Tannenblüte sich immer wieder Menschen im Wald verirrt und apathisch gewirkt hätten.

Nach Berichten aus der Zeit um 1485, als das Triberger Schloss noch stand, habe bei starker »Waldblüte« das ausgesandte Gesinde nicht mehr zum Schloss zurück gefunden und mit ihren eingesammelten Pflichtabgaben der Bauersleute für den Schlossherrn, in das Kinzigtal verirrt und die Leute auf dem Schloss hätten gar sehr hungern müssen. Des Weiteren sollen die schwedischen Soldaten, die im Dezember 1642 in einem nur halbstündigem Kampf die Triberger Burg zerstörten, von dem übermäßigen Tannenduft und der starken Waldblühte so berauscht gewesen sein, dass sie nicht mehr zu ihrer Einheit zurückfanden.

Ungewöhnlicher Lärm
in der Nacht

Auf dem Fohrenhof herrschte seit jeher Eintracht, Ruhe und allgemeiner Frieden unter den Leuten. Jeder ging seiner gewohnten Tätigkeit nach, war abends von der Arbeit müde und nutzte die Nachtruhe zum Schlafen und Sammeln neuer Kräfte für den kommenden Tag. Mit dieser nächtlichen Ruhe war es aber oftmals vorbei, seit der Brosi auf dem Hof eingezogen war. Seiner Gewohnheit, sich nach Feierabend für einige Stunden an den Stammtisch zu setzen und einige Schoppen Bier zu genießen, konnte er auf dem Fohrenhof nicht mehr frönen wie zuvor. Das fiel ihm zwar schwer, doch der Arbeitsablauf auf dem Hof ließ es nicht mehr zu. So blieb ihm nur das Wochenende, um sich bis spät in die Nacht zu seinen ehemaligen Stammtischbrüdern zu gesellen. Das Verhalten nach seinen Wirtshausbesuchen war auf dem Fohrenhof nicht bekannt. Auch sein Vater, der Altbauer Franz-sepp, kannte diese Seite seines Sohnes nicht. Im Nachbardorf, in dem er zuvor lebte und dort oftmals einen über den Durst getrunken hatte, war er mit seinem unflätigen und aggressiven Verhalten anderen Leute gegenüber kein Unbekannter mehr. Aufgrund seines erhöhten Alkoholspiegels rastete er sehr schnell aus.

In einer Nacht von Sonntag auf Montag kam Brosi, lauthals mit sich selbst redend, von seiner Zechtour nach Hause. Wenn sich nachts Fremde dem Hofe näherten, schlug der wachsame Nero normalerweise sofort an. Der Hofhund kannte aber den Brosi und winselte nur, als er sich ihm näherte. So wäre der heimkehrende Zecher von niemandem bemerkt worden, wenn er nicht auf ungestüme Art die Haustüre hinter sich zugeschlagen hätte. Seine Kammer über die Treppe zu erreichen, war in seinem desolaten Zustand nicht mehr möglich. Stattdessen polterte Brosi an Walburgas Kammer. Sie wachte daraufhin auf und öffnete die Tür.

Im Hausgang lehnte ihr Mann an der Wand, unmittelbar neben ihrer Kammertür. Walburga, verärgert über diese nächtliche Ruhestörung, beschimpfte ihren Mann, worauf dieser handgreiflich wurde. Robert erwachte durch den lauten Wortwechsel, machte Licht im Flur und sah, dass auch Friedel ängstlich unter ihrer Kammertür stand.

»Friedel, bleib du ja hier oben, ich gehe runter und schau nach dem Rechten«, sagte er zu ihr und eilte die Treppe hinunter.

»Brosi, was fällt denn dir ein, mitten in der Nacht solch einen Krach zu provozieren?«, schrie er ihn an, packte ihn mit beiden Händen und drückte den fauchenden Brosi mit aller Kraft an die Wand. In seinem desolaten Zustand konnte Brosi seinem Stiefsohn nicht mehr viel entgegensetzen. Robert zerrte den betrunkenen Bauer zur Treppe hin. Durch den Lärm wurden auch Franzsepp und Theresia aus ihrem Schlaf gerissen.

Franzsepp kam hinzu, packte seinen Sohn am Arm und fragte ihn vorwurfsvoll: »Sage mal, was fällt dir ein? Mitten in der Nacht sturzbesoffen nach Hause zu kommen. Dann deine Frau aus dem Schlaf holen und sie belästigen? Das will ich von dir nicht noch einmal erleben.«

Dieser reagierte auf die Vorwürfe seines Vaters nicht im Geringsten. Brosi blieb regungslos stehen. Da wurde es Robert zu bunt. Er fasste ihn am Arm und zog ihn mühsam die Treppe hoch zu seiner Kammer. Dort öffnete er die Tür und bugsierte den nächtlichen Krawallmacher hinein und zog die Tür hinter sich zu. Friedel hatte sich inzwischen wieder in ihre Kammer zurückgezogen.

Am folgenden Morgen getraute sich Walburga nicht, ihren Mann zu wecken, damit er die Arbeit, von der er am Samstag zuvor noch gesagt hatte, wie wichtig sie sei, zu erledigen. Erst gegen Mittag, als sich der Hunger bei ihm bemerkbar machte, ließ er sich in der Küche zum Mittagessen blicken. Nach den bisherigen Erfahrungen wagte sich niemand am Tisch, den Vorfall der vergangenen Nacht zu erwähnen. Kritik vertrug Brosi nicht. Als Choleriker bekannt, rastete Brosi sehr schnell aus, wenn ihm ins Gewissen geredet wurde. Brosi verließ als Erster wieder den Tisch. Da lief ihm sein Vater sofort hinterher und las ihm draußen vor der Türe gehörig die Leviten. Von ihm ließ er sich noch am ehesten etwas sagen. Dem Vater war das nächtliche Vorkommnis seines Sohnes sehr peinlich.

Das Unheil in der Scheune

Es waren gerade mal drei Wochen vergangen, seit Brosi die Friedel zum letzten Male belästigt hatte. Inzwischen glaubte sie, dass er sie nicht mehr weiter bedrängen würde. Auch Robert hatte das Gefühl, dass der Brosi doch noch zur Vernunft gekommen sei und seine Magd für alle Zeiten in Ruhe ließe. Daher machte sich Friedel keine Gedanken, als er sich ebenfalls in der Scheune aufhielt, während sie am frühen Vormittag damit beschäftigt war, Heu für die tägliche Fütterung und für den kommenden Tag von der Scheune durch einen Futterschacht in den Futtergang nach unten zu werfen.

Mit dem Liecher, einen Eisenhaken an einem Holzstiel, riss sie kraftvoll nach jedem Stoß aus dem festgesetzten Heu ein großes Büschel Heu heraus. Für diese Arbeit benötigte sie jeden Tag fast eine Stunde, bis sie alles Heu zur täglichen Fütterung der Pferde, Kühe und den Ochsen hergerichtet und im Futtergang gleichmäßig verteilt hatte. Diese tägliche Arbeit und der Umgang mit den Tieren auf dem Hofe machte sie sehr gerne und gewissenhaft.

Robert war an diesem Morgen schon gleich nach dem Frühstück mit den beiden Pferden »Hans« und »Fred« unterwegs. Er transportierte vier Ster Brennholz auf einem Leiterwagen zu seinem Stammkunden im Dorf. Am Tag zuvor brachte er diese Fuhre Brennholz vom Wald auf den Hof. Seine Mutter Walburga war mit Hedwig, einer Nachbarin, im Dorf zum Einkauf unterwegs. Die Altbauern Franzsepp und Theresia hielten sich am frühen Vormittag, wie üblich, in der Stube auf. Also war der Brosibauer sicher, dass die Magd alleine auf dem Hofe arbeitete. Friedel war damit beschäftigt, das Heu für die Pferde, Kühen und Ochsen für den nächsten Tag herzurichten. Niemand würde Friedels Schreie aus der Scheune hören, wenn sie sich von ihm belästigt fühlen würde.

Von ihr unbemerkt, beobachtete er sie schon seit Anbeginn ihrer Arbeit. Sie war dabei, das zuvor mit dem Heuliecher auf dem Heustock herausgezogene Heu mit der Gabel zum Futterschacht hin zu bringen, durch den das Heu nach unten in den Futtergang fällt. Noch vor Beendigung ihrer Arbeit schlich er sich von hinten an Friedel heran und umfasste sie mit gewaltsamem Griff, dass sie vor Schreck unwillkürlich die Gabel fallen ließ. So sehr sie auch versuchte, sich aus seinen brutalen Griffen zu befreien, es gelang ihr nicht, sich von ihm loszureißen. Immer wieder fasste

er sie von neuem und versuchte, ihren Willen zu brechen und sie gefügig zu machen. Ihrem Freund Robert konnte sie nicht zu Hilfe rufen. Schnell war ihr klar, welch teuflisches Werk Brosi vorhatte. Er drückte sie schließlich zu Boden bei dieser Rangelei. Bemerkte dabei jedoch nicht, dass Friedel geistesgegenwärtig den am Boden liegenden Heuliecher, vom Heu leicht verdeckt gewesen, erfasste. Mit aller Kraft rammte sie die Metallspitze in seinen Oberschenkel, mit der Absicht, dass er von ihr ließe.

Jetzt war es Brosi, der vor plötzlichen Schmerzen laut aufschrie. Dennoch versuchte er aus Wut erneut, ihrer habhaft zu werden. Doch Friedel wehrte sich so gut sie konnte, um sich den Bauer vom Leibe zu halten. Mit einer unbändigen Kraft und aufbrausendem Zorn packte er Friedel und stieß sie zur Öffnung des Futterschachts hin. Damit wollte er sie durch Angst, sie könnte hinunterfallen, gefügig machen. Mit aller Kraft griff Friedel den Bauer an der Beinkleidung und kam wieder zum Stehen am Rande des gefährlichen Schachtes.

Mit einem brutalen und ungestümen Griff von Brosi, drückte er Friedel erneut zu Boden, um sie an sich zu ziehen. Friedel versuchte, mit den Füßen dagegen zu stemmen, um noch einmal Halt zu bekommen. Brosi drückte sie rückwärts, von sich stoßend, immer näher an den Rand der Schachtöffnung hin. Friedel entglitt ihr Halt an der Kleidung des Bauern. Da ließ sie der Brosi über der Öffnung des Schachtes plötzlich los. Verzweifelnd versuchte Friedel in ihrer Todesangst, sich noch irgendwo festzuhalten. Fand jedoch keine Möglichkeit und fiel sieben Meter tief durch den Schacht hinunter auf den Sandsteinboden des Futtergangs. Die fleißige Magd war sogleich tot. Obwohl er ihren Sturz gesehen hatte und aufgrund der Falltiefe mit ihrem sofortigen Tod rechnen musste, entfernte er sich umgehend aus der Scheune. Mit schmerzverzerrtem Gesicht und seiner blutenden Verletzung humpelte er zur Mühle, um dort die Wunde notdürftig zu verbinden.

Danach schlich er sich unbemerkt vom Hof und machte sich schleunigst auf den Weg in den nahe gelegenen Wald, in welchem er in den letzten Tagen mit Holzfällerarbeiten beschäftigt gewesen war. Friedel sollte schon längst wieder in der Küche Arbeiten verrichten, welche die Bäuerin ihr vor ihrem Weggang aufgetragen hatte. Gegen Mittag kam Walburga vom Einkaufen zurück und suchte nach der Magd, da sie in der Küche nicht anzutreffen war. Nachdem sie Friedel im Hause nicht finden konnte, schaute sie in den Stallungen nach und rief mehrmals ihren Namen. Sie bekam jedoch keine Antwort.

Endlich fand sie Friedel, nachdem sie in den Stallungen nach ihr suchte. Die Magd lag regungslos auf dem Sandsteinboden des Futtergangs unmittelbar unter der Öffnung des Futterschachtes. Voller Entsetzen stieß Walburga einen Schrei aus. Zitternd näherte sie sich der am Boden liegenden Magd und rief immer wieder: »Friedel, was ist mit dir? Was ist passiert?«

Doch es kam keine Antwort. Obwohl sie das Schlimmste ahnte, wollte sie es nicht wahrhaben und rannte sie zu den Nachbarn Wilhelm und Johanna Trenkle, die ein Telefon besaßen, um ärztliche Hilfe zu holen. Ihren Mann konnte sie ja nicht erreichen, da er mit Holzfällerarbeiten beschäftigt war. Robert war noch immer mit dem Pferdegespann im Dorf unterwegs. Die Nachbarsleute eilten mit ihr, nachdem sie den Arzt gerufen hatten, zum Hof zurück. Der in kürzester Zeit eingetroffene Arzt konnte nur noch Friedels Tod feststellen. Laut seiner Vermutung hatte sie sich beim Aufprall auf den Boden das Genick gebrochen. Das lockere Heu, das unter ihr noch auf dem Boden lag, hatte den Aufprall nicht mindern können. Wilhelm schickte gleich seine Tochter Annele zu den unteren Nachbarsleuten, der Familie Severin und Ottilie Dilger, um ihnen vom tragischen Tod der Fohrenhofmagd zu berichten. Nach wenigen Minuten waren alle am Unglücksort und konnten die Tragödie nicht fassen. Auch die Altbauersleute Franzsepp und Theresia standen fassungslos da und fanden für dieses Unheil keine Worte.

Ungeduldig warteten sie auf Robert. Endlich hörten sie die Hufgeräusche der beiden Pferde die sich mit dem leeren Leiterwagen dem Hof näherten. Walburga lief schluchzend ihrem Sohn Robert entgegen, brachte aber keine Worte über ihre Lippen. Sie führte ihn in den Futtergang, wo die tödlich verunglückte Friedel auf dem Boden lag. Entsetzt vom Anblick seiner geliebten Friedel fiel Robert auf die Knie, beugte sich über sie und brach sogleich in Tränen aus. Schluchzend kam immer wieder ihr Name über seine Lippen. Er war fassungslos und zutiefst erschüttert. Robert konnte nicht glauben, dass seine treue Seele, seine erste große Liebe, nun tot war. Sie sollte nach seinem Willen und dem seiner Mutter einmal Bäuerin auf dem Fohrenhof werden. Gemeinsam hatten sie schon ihre Zukunft, wie sie den Bauernhof modernisieren und weiterführen wollten, geplant. Immer wieder schüttelte Robert den Kopf. Am Morgen hatten sich die beiden noch mit einem fröhlichen Lächeln verabschiedet, bevor sie ihrer Arbeit nachgingen. Für Robert brach eine Welt zusammen. Alle gemeinsam gefassten Pläne für eine baldige Familiengründung waren zerstört.

Derweil schirrte Wilhelm die Pferde vom Wagen und versorgte sie im Stall. Das hatte er schon öfter getan, wenn im Sommer in der Erntezeit Not am Mann war. Robert konnte sich nicht vorstellen, dass seine Freundin durch Unachtsamkeit und eigenes Verschulden in den Futterschacht gefallen war. Er kannte ihre vorsichtige und umsichtige Arbeitsweise. Umso mehr suchte Robert nach anderen Möglichkeiten, wie es zu dem Sturz kommen konnte. Schon des Öfteren hatte sie dieselbe Arbeit ohne jegliche Probleme verrichtet. Noch bevor die tote Magd in der Stube aufgebahrt wurde, entfernte er sich, ohne ein Wort zu sagen, von den trauernden Leuten und seiner geliebten Friedel. Sein Weg führte ihn direkt in die Scheune. Er wollte sich umsehen. Vielleicht konnte er etwas entdecken, das ihren Tod erklären würde. Unmittelbar neben dem Futterschacht entdeckte Robert im Heu den Heuliecher auf dem Boden liegen, den Friedel kurz zuvor noch benutzt hatte. Er war am vorderen Ende mit Blut verschmiert. Diese Feststellung verwirrte ihn so sehr, dass er ihn in dem Zustand, wie er ihn vorgefunden hatte, vorsorglich in sichere Verwahrung nahm.

Als er wieder zu den trauernden Personen zurückkehrte, ließ er sich nicht anmerken, welche Entdeckung er gemacht hatte. Weitere Hinweise konnte Robert nicht feststellen.

Kurz nach Mittag traf der Bauer humpelnd auf dem Hofe ein und zeigte sich verwundert über all die Nachbarsleute, die im Hofe beisammenstanden und sich unterhielten. Bevor er von seiner sichtbaren Verletzung erzählte, fragte er die trauernden Leute, was geschehen war. Im Grunde wusste er ganz genau, was vorgefallen war. Für ihn war es wichtig, dass keiner gegen ihn auch nur den geringsten Verdacht schöpfte, mit Friedels Tod etwas zu tun zu haben. Noch wusste der Brosibauer nichts von dem blutverschmierten Heuliecher, den Robert in der Scheune als späteres Beweismittel vorsichtshalber sicherstellten konnte. Robert vermutete, dass seiner Friedel Böses widerfahren sein musste, was zu ihrem Tode geführt hatte.

Gelungene Täuschung

Für seine tiefe Wunde am Oberschenkel musste sich der Fohrenhofbauer eine realistische und stichhaltige Erklärung ausdenken, die man ihm glauben würde. Er wollte den Anschein erwecken, dass er sie bei einem Arbeitsunfall im Wald zugezogen habe. Um genügend zeitlichen Abstand zu gewinnen, verblieb er noch bis zum Mittag in dem Gebiet, in dem er in letzter Zeit gearbeitet hatte. Aber die notdürftig mit einem Taschentuch verbundene Wunde machte ihm zunehmend Sorgen. Das Taschentuch war für die stark blutende Wunde zu klein und sauber war es auch nicht mehr. Bei seinem heimlichen Verschwinden am Morgen hatte er das Ausmaß der Verletzung in der Hektik zu oberflächlich eingeschätzt. In diesem Zustand konnte er nicht arbeiten, was er aber auch gar nicht vorhatte.

Da sich der Schmerz vergrößerte, entschloss er sich, schon gegen Mittag den Heimweg anzutreten. Unterwegs machte er sich Gedanken, wie er den Leuten daheim die Entstehung seiner tiefen Stichverletzung am Oberschenkel erklären könnte, so dass es plausibel klang. Die Wunde musste so schnell wie möglich versorgt werden. Bei jedem Schritt spürte er einen stechenden Schmerz im verletzten Oberschenkel. An derselben Stelle war mittlerweile der Stoff seiner Hose vom Blut getränkt und nach außen hin sichtbar rot gefärbt.

Als Brosi mit einem Stock in der Hand sich humpelnd dem Hof näherte, sah ihn sein Nachbar Wilhelm. Er trat Brosi entgegen und fragte ihn: »Ja Brosi, was ist denn mit dir passiert, warum humpelst du so daher?«

Vorsichtig und möglichst glaubwürdig klingend, antwortete er: »Bin beim Drehen des Stammes ausgerutscht und habe mir die Spitze des »Wendehakens« in den Oberschenkel gestoßen. Lass mich schnell ins Haus reingehen. Walburga muss sofort die blutende Wunde versorgen und einen richtigen Verband anlegen.«

»Brosi, die kann dir jetzt beim besten Willen nicht helfen! Wenn ich dir sage, was geschehen ist, wirst du es verstehen«, erklärte ihm Wilhelm ganz aufgeregt. Er fasste Brosi an der Hand und führte ihn zum Unglücksort. Wilhelm suchte nach passenden Worten, um dem Fohrenhofbauern den tragischen Tod seiner Magd mitzuteilen. Das fiel ihm jedoch sehr schwer. Nur zögernd folgte Brosi seinem Nachbarn. Da sah er viele Leute am Ende des Futtergangs stehen.

»Was ist denn da passiert? Was wollt ihr alle in unserem Futtergang hier?«, kam es zögernd aus seinem Mund. »Herr Tritschler treten Sie näher! Es ist etwas Schlimmes passiert«, sagte der Doktor mit ruhiger Stimme. Gefasst, ohne eine besondere Regung zu zeigen, sah Brosi auf die tote Friedel, der fleißigen, strebsamen und unschuldigen Magd. Bei seinen Blicken in die Runde der Leute sah er das von Tränen überströmte Gesicht von Robert. Ihn hatte der Tod seiner geliebten Freundin sehr hart getroffen.

»Was ist mit ihr geschehen und wie konnte nur das nur passieren?«, waren Brosis wenige Worte, die über seine Lippen kamen. Immer wieder schüttelte er den Kopf und warf Blicke in die Runde. Er wollte mit seinen Reaktionen den Leuten gegenüber sein Mitleid bekunden. Mit zögernden Worten äußerte er sich mehrmals: »Kann mir beim besten Willen nicht vorstellen, wie so etwas nur geschehen konnte.«

Nach seiner eigenen Verletzung fragte ihn zunächst noch niemand. Möglichst schnell verließ er daraufhin den Unglücksort. Rosina, die Nachbarin, erblickte seine blutgetränkte Hose und folgte ihm nach draußen. Walburga wäre in der gegenwärtigen Situation ohnehin nicht in der Lage gewesen, sich um ihren Mann zu kümmern. Zu sehr schmerzte sie Friedels tragisches Schicksal. Auf dem Hof hielt Rosina den Brosi an und fragte ihn nach seiner Verletzung. Der Arzt könne ihm die Wunde ja gleich vor Ort fachmännisch behandeln, schlug sie ihm vor. Das aber lehnte der Bauer wohlweislich strikt ab und sagte: »Das kann meine Frau auch selbst machen. Es ist ja nicht so schlimm.«

Brosi wusste nur zu gut, dass der Arzt sofort erkennen würde, dass die vorhandene Wunde mit dem tiefen Einstich nicht von dem Wendehaken mit der breiten Spitze stammen könnte. Eine Verletzung mit diesem Arbeitsgerät hätte ein anderes Ausmaß und eine noch größere Fleischwunde als diese verursacht, auch wenn es sich um eine tiefe Stichwunde handelte. Daher musste er die ärztliche Versorgung seiner Verletzung unter allen Umständen verhindern. Fast mitleidsvoll meinte das Rosele zum Bauer: »Brosi, wenn es dir recht ist, werde ich deine Verletzung behandeln. Ich werde sie dir säubern und verbinden. Deine Eitelkeit lässt es ja doch nicht zu, vom Herrn Doktor behandelt zu werden.«

Ohne noch weitere Worte zu verlieren und ohne lange zu überlegen, folgte Brosi dem Rosele ins Nachbarhaus. In ihrer Küche geriet der Fohrenhofbauer in eine unangenehme Situation. Seine Wunde befand sich nämlich an der Innenseite des rechten Oberschenkels. Um die Wunde richtig versorgen und behandeln zu können, musste er seine schmutzige Arbeitshose auszuziehen, was er jedoch strikt ablehnte.

»Brosibauer«, sagte das Rosele, »so kann ich dir doch die Wunde nicht säubern und einen Verband anlegen. Ich komme ja gar nicht an die Wunde ran. Ich hole die Schere und schneide den Stoff deiner Hose von unten her bis zur Wunde auf.«

Aus purer Angst, die Verletzung könnte sich noch verschlimmern, fügte sich Brosi in sein Schicksal. Mit einem in Schnaps getränkten Lappen reinigte das Rosele die blutverschmierte Haut. Im Schrank gut aufbewahrt, hatte das Rosele für solche Fälle ein altbewährtes Hausmittel, der »Vorlauf« genannt wurde, einen wegen seines überhöhten Alkoholgehalts zum Trinken nicht geeigneten Schnaps. Er diente speziell zum Reinigen und Desinfizieren von Verletzungen. Diese schmerzhafte Behandlung, die Brosi so noch nicht kannte, ließ er mit verzerrtem Gesicht in der Hoffnung, dass sie erfolgreich sein würde, über sich ergehen. Für ihre spontane fürsorgliche Hilfe und dem schützenden Verband bedankte sich Brosi vielmals beim Rosele und lief schleunigst zur Scheune zurück. Dort wollte er den Heuliecher holen und ihn, zu seiner eigenen Sicherheit, für immer verschwinden zu lassen. Trotz intensiven Suchens konnte er ihn aber nicht finden. Das ließ ihn nichts Gutes ahnen.

Sein Nachbar Wilhelm liebte es, bei der Ernte im Sommer mit den beiden Pferden zu arbeiten und versorgte sie auch nach beendeter Feldarbeit. Dass Robert und Wilhelm mit ihnen am Vormittag im Dorf waren, wusste Brosi. So hoffte er, dass Wilhelm beim Einfahren des Leiterwagens mit den Pferden in die

Scheune, den Heuliecher am Boden liegen sah und ihn irgendwohin abgelegt hatte. Ihn daraufhin anzusprechen, getraute er sich jedoch nicht, da er mit eventuell unangenehmen und verfänglichen Fragen rechnen musste. Mit einem unguten Gefühl ging Brosi in seine Kammer, um die völlig zerschnittene und von Blut verschmierte Hose zu wechseln. Der verschwundene Heuliecher ließ ihm keine Ruhe. Er ging nochmals zur Scheune und suchte ein weiteres Mal nach ihm. Jedoch auch diesmal ohne Erfolg. Dass Robert, das mit Blut verschmierte Delikt zwischenzeitlich sichergestellt hatte, konnte er ja nicht ahnen. Damit hätte er auch nie gerechnet.

Mit der beängstigenden Ungewissheit, was den Verbleib des verschwundenen Heuliechers betraf, begann für Brosi eine sehr unruhige Zeit. Bisher war er sich seines respektlosen und schamlosen Verhaltens gegenüber Friedel gar nicht bewusst. Im Haus waren alle über diesen Schicksalsschlag zutiefst erschüttert. Zu keiner Zeit hatte es auf dem Hof einen Unfall gegeben. Da auf dem Hof noch kein Telefon vorhanden war, bat Robert seinen Freund Jakob, der motorisiert war, den Vorfall pflichtgemäß bei der örtlichen Polizei zu melden. Diese kam sofort zur Unfallaufnahme, um das Geschehene zu protokollieren, bevor am Spätnachmittag der örtliche Schreiner mit dem Sarg auf dem Hof eintraf, um die tote Friedel in der Stube einzusargen.

In den folgenden Tagen, bis zur Beerdigung der Toten, herrschte auf dem Hof eine ungewohnte Ruhe unter den Leuten. Der Schock über Friedels Unglück saß bei allen sehr tief. Es wurde nur noch das Nötigste gesprochen. Zu groß war die Trauer. Hatte sich Walburga doch sehr auf eine liebevolle Zusammenarbeit mit ihrer Magd gefreut, so musste sie nun die Formalitäten zu deren Begräbnis erledigen.

Nach üblichem Brauch und Sitte blieb die Tote noch drei Tage bis zur Beerdigung im Hause aufgebahrt. Die Männer aus der Nachbarschaft hielten in den folgenden Nächten in der Stube die Totenwache. Als der Trauerzug nach drei Tagen und Nächten den Fohrenhof verließ, läutete der Nachbar Wilhelm das Glöcklein der Hofkappelle. Friedel war oftmals dabei, wenn die Altbäuerin Theresia gegen Abend zum »Betzeitläuten« das Glöcklein läutete. Eine große Trauergemeinde begleitete Friedel in einem mit weißen Rosen geschmückten Sarg auf ihrem letzten Weg zur ewigen Ruhe. Nur einer fehlte unter den zahlreichen trauernden Menschen auf dem Friedhof – Ambrosius. Ihn plagte sein Gewissen, und er wollte sich den vielen neugierigen Blicken der Leute entziehen. Seine starken Schmerzen waren für ihn eine plausible Erklärung, an Friedels Trauerfeier nicht teilzunehmen. Durch sein Fehlen bekräftigte er allerdings die Vermutung in der Bevölkerung, dass er mit Friedels Tod doch etwas zu tun haben könnte. Die Meinung der Öffentlichkeit erfuhr Brosi allerdings nicht. Seit dem Tage des tragischen Geschehens verließ er den Hof nicht mehr. In den folgenden Wochen zog sich Brosi aufgrund seiner Verletzung von vielen Arbeiten zurück und ließ sie Robert alleine erledigen. Walburgas dringende Bitte, seine offene Wunde endlich vom Arzt behandeln zu lassen, lehnte er weiter mit fadenscheinigen Ausreden ab. Aufgrund seines sturen und trotzigen Verhaltens, weigerte sich Walburga, seine Wunde weiter zu versorgen. Das verzögerte jedoch die Heilung sehr.

Brosi nutzte seine Verletzung provozierend aus und geriet mit Robert immer öfter in Streit, wenn dieser ihn wegen seiner permanenten Untätigkeit zur Rede stellte. Der tüchtige Altbauer Franzsepp konnte es nicht fassen, dass er miterleben musste, wie sein Sohn Ambrosius, durch sein unverständliches Verhalten ihn immer mehr enttäuschte. In ihn hatte er so viel Hoffnung gesetzt, dass der Hof nach Leonhards Tod durch fleißige H, würde.

Ein Fremder taucht auf

An einem Sonntagabend Ende Oktober war Walburga in der Küche mit Vorbereitungen für den Schlachttag am folgenden Morgen beschäftigt. Die letzte Mastsau im Stall sollte für den eigenen Verbrauch am folgenden Tag geschlachtet werden. Schon seit Jahr und Tag war auf dem Fohrenhof im Herbst und im Frühjahr Schlachttag. Das ergab immer wieder Speck, Fleisch, Wurst und Schmalz für das ganze Jahr. Walburga hatte gerade Zwiebeln zum Einsalzen der Schinken, der Speckseiten und für die Würste geschnitten. Sie stand am alten Sandsteinbrunnen, um sich die Tränen aus den Augen zu waschen, die bekanntlich durch die scharfen Zwiebeln verursacht wurden.

Plötzlich hörte sie das laute Bellen von Nero, dem Hofhund. Er war stets ein wachsamer Geselle, der die Bettler und Hausierer vom Hofe hielt. Wer kommt jetzt noch zu solch später Stunde zu uns auf den Hof«, dachte sie und öffnete die Haustüre. Den Nero, der immer noch heftig bellte, schickte sie zurück in seine

Hundehütte. In der Hofbeleuchtung sah Walburga einen jungen Mann vor sich stehen, auf den ersten Blick eine ungepflegte Erscheinung, die Schirmmütze nach hinten gedreht. Sie musterte ihn von oben bis unten und fragte ihn spontan: »Ja, wer sind denn Sie und was führt Sie zu so später Stunde noch zu uns auf den Hof? Ich kenne Sie nicht.«

Trotz seiner fast beängstigenden Erscheinung hatte sie keine Bedenken, alleine vor ihm zu stehen. Sie hatte ja für den Fall, dass der Fremde aufdringlich werden sollte, vorsorglich das große Messer noch in der Hand. Mit verwundertem Blick schaute der Fremde Walburga an, die er nicht erwartet hatte und vergaß dabei den fälligen Abendgruß als Besucher. Dafür antwortete er mit honoriger Stimme: »Ich bin Gregor, der Sohn von Ambrosius Tritschler. Ich weiß, dass mein Vater hier der Chef und Bauer auf dem Hofe ist.«

Walburga war zunächst überrascht über den gewichtigen Hinweis auf seinen angeblichen Vater. Da musste sie ihm doch sogleich mit deutlichen Worten klarmachen, wer hier auf dem Hof das Sagen hatte. Sein Auftreten ließ Walburga das Ansprechen mit »Sie« vergessen. Unmissverständlich gab sie ihm zu verstehen: »Junger Mann, wer hier auf dem Hof die Regie führt, das bin immer noch ich und nicht dein Vater, auch wenn er es gerne wollte. Aber jetzt sag mir einmal, was du hier oben suchst und warum du gekommen bist«?

Ohne auf ihre Fragen einzugehen, antwortete Gregor nur kurz: »Das sage ich meinem Vater lieber selbst. Wo ist er denn?«

»Nur langsam junger Mann und nicht so stürmisch. Ich lasse mich nicht drängeln«, gab sie ihm zu verstehen. Daraufhin rief Walburga ihren Sohn Robert und bat ihn, dass er mit Brosi zur Haustüre kommen solle. Es wäre jemand da, der ihn sprechen wollte. Beide hielten sich in der Stube auf. Nicht nur Robert, auch der Brosi staunte nicht wenig, als er seinen Sohn erblickte, den er schon seit Jahren nicht mehr gesehen hatte. Vom Eigentümer der Wohnung, in der sein Vater zuvor wohnte, hatte er erfahren, dass sein Vater durch Einheiraten Bauer und angeblicher Besitzer eines großen Hofguts geworden war. Von einem ledigen Sohn hatte aber Brosi nie etwas verlauten lassen. Das war auch auf dem Hofe niemandem bekannt gewesen. In seinem Ausweis trug dieser Gregor den Namen seiner leiblichen Mutter, Trautwitz. Er wurde in der Zeit geboren, als der Brosi arbeitslos und über zwei Jahre als Wanderbursche durch die Lande gezogen war. Eine berufliche Ausbildung konnte Gregor angeblich nicht machen, da seine Mutter mittellos und ohne Arbeit war. Außerdem hatte sie mehrmals den Wohnort mit ihm gewechselt.

»Ja Gregor, wo kommst du denn auf einmal her? Was treibt dich hier auf den Hof? Wir haben uns ja schon einige Jahre nicht mehr gesehen. Wo steckt denn deine Mutter?«, fragte Brosi ihn ganz fassungslos.

»Sie zog vor einigen Tagen wieder zurück nach Norddeutschland zu einem Freund. In dessen Wohnung ist jedoch kein Platz für mich. Deshalb bin ich jetzt hier bei dir und will auch hier bleiben«, gab er ihm mit selbstbewusster Miene zur Antwort.

Robert konnte nur den Kopf schütteln. Er glaubte seinen Augen und Ohren nicht zu trauen. Mit verwundertem Blick schaute er Brosi an und fragte ihn: »Ist das wirklich dein Sohn, der sich so verwahrlost und ungepflegt hier in der Gegend herumtreibt?«

»Ja, sicherlich ist es mein Sohn und sei vorsichtig mit deiner Meinung über ihn«, ermahnte ihn Brosi. Nach diesem kurzen Wortwechsel zwischen Brosi und Robert getraute sich Gregor nur noch mit den wenigen Worten von seinem Anliegen zu sprechen: »Ich möchte hier auf dem Hof in Brot und Lohn arbeiten.«

Das wollte Robert nicht akzeptieren, hakte sofort ein und gab Brosi unmissverständlich zu verstehen, dass dieses Vorhaben gar nicht in Frage käme.

»Wir brauchen keine dritte Manneskraft auf dem Hof. Was wir bisher erledigen konnten, werden wir auch weiterhin schaffen«, sagte Robert mit deutlichen Worten zu Brosi.

»Aber sicherlich könnten wir noch eine weitere Arbeitskraft zur Unterstützung gut gebrauchen«, widersprach ihm Brosi. Er hatte sichtlich Mitleid mit seinem Sohn und wollte ihm damit seine Hilfe anbieten. Walburga mischte sich zunächst noch nicht ein und wartete gespannt, wie das Gespräch unter den drei Mannsleuten enden würde.

Einen Streit wollte sie aber nicht aufkommen lassen und mischte sich dann doch in die Debatte ein: »Wer hier auf dem Hofe Arbeit und Brot bekommt, bestimme immer noch ich. Aber darüber wollen wir nach dem Metzeltag reden. Ich habe noch zu tun, und für heute Abend ist jetzt Schluss mit der Diskussion.«

Brosi ging, ohne weitere Worte zu verlieren, mit seinem Sohn aus der Küche und zeigte ihm seine Kammer, in der er schlafen konnte. Es war die frühere Schlafkammer der Friedel. Am nächsten Tag ließ sich Gregor nicht blicken. Behilflich konnte er ohnehin nicht sein. Eine Hausschlachtung hatte Gregor noch nie mitgemacht.

An den folgenden Tagen wich Gregor nicht von der Seite seines Vaters. Mit Robert und Walburga wollte und konnte er sich aufgrund der brisanten Situation nicht unterhalten. In Anbetracht seiner aktuellen Verletzung gab Brosi seinem Sohn Anweisungen zu leichten Arbeiten, die er ihm zutraute.

Aus purem Wunderfitz gesellte sich gerne Altbauer Franzsepp zu den beiden und erhoffte, dabei gewisse Neuigkeiten zu erfahren. Er hatte aber Pech. In seiner Gegenwart bezog sich die Unterhaltung zwischen Vater und Sohn bewusst nur auf belanglose Dinge. Unangenehmen Fragen des Großvaters wich der gewitzte Gregor geschickt aus. Robert wollte Gregors Anwesenheit auf dem Hof nicht mehr länger dulden und fragte während des Abendessens: »Nun habt ihr euch geeinigt, wie es in Zukunft weitergehen soll? Was hat denn Gregor nun vor?«

Der Brosi schaute Walburga an und antwortete: »Ja, Gregor wird auf dem Hof sein Wohn- und Bleiberecht als mein Sohn beanspruchen, so lange er ledig ist.«

Da fiel ihm Robert sofort ins Wort und gab ihm unmissverständlich zu verstehen: »Brosi, das kommt überhaupt nicht in Frage. Wir haben uns darüber ausgesprochen, wie es auf dem Hof auch ohne deinen Sohn Gregor weitergehen wird. Was du vorhast und in der Öffentlichkeit schon herum posaunt hast, haut dem Fass den Boden raus. Wir lassen keineswegs zu, dass du mit diesem Kerl hier auf dem Hof das Regiment führst. Sorge dafür, dass er so schnell wie möglich vom Hof verschwindet und zwar für immer.«

Mit höhnischer Miene meinte Brosi: »Wir werden schon sehen, wer hier das letzte Wort hat. Ich bin jetzt rechtmäßiger Hofbauer und habe das Sagen im Haus.«

Durch die klaren Worte seines Vaters gestärkt, meldete sich jetzt auch sein Sohn Gregor zu Wort: »Was mein Vater sagt, ist richtig. Ich habe das Recht, hier zu wohnen und werde auch hier bleiben. Der Hof gehört ihm jetzt ja auch zur Hälfte.«

Jetzt riss Robert doch der Geduldsfaden. Unwirsch

meinte er: »Du hast hier gar nichts zu sagen. Dachtest wohl, die haben einen großen Bauernhof mit viel Wald und Feld, da wäre sicherlich etwas zu holen, ohne auch nur einen Finger krumm zu machen. So läuft das nicht. Da hast du dich gewaltig getäuscht. Und morgen früh verziehst du dich von unserem Hof und Grundstück.«

Bis zu diesem Zeitpunkt hatte sich Walburga zurückgehalten. Doch noch bevor sie etwas sagen konnte, forderte Brosi seinen Sohn auf: »Komm Gregor, wir gehen nach oben und lassen die beiden in Ruhe.«

Er ahnte wohl, was die Bäuerin, seine Frau, zu dieser Angelegenheit sagen wollte. Er wusste ja, dass sie genau wie Robert einen weiteren Aufenthalt seines Sohnes auf dem Hof ablehnte. Auch ohne die beiden Männer diskutierten Walburga und Robert weiter und waren sich einig, dass Gregor so bald wie möglich den Hof verlassen sollte. Franzsepp und Theresia waren derselben Meinung. Dann würde wieder Ruhe auf dem Fohrenhof einkehren.

Ein Dieb auf dem Hof

Walburga mästete jedes Jahr bis zum Herbst fünf Schweine. Vier davon wurden an den örtlichen Metzger verkauft und das fünfte Schwein wurde für ihren eigenen Gebrauch auf dem Hof geschlachtet. Im Gehöft waren schon seit längerer Zeit wichtige Anschaffungen geplant und fällig geworden. Zu deren Finanzierung hatte die Familie den Verkauf von zwei dieser Mastschweine und einem Rind vorgesehen. Der Metzger im Dorf wusste von diesem Tierverkauf auf dem Fohrenhof. Brosi machte ihnen jedoch einen gewaltigen Strich durch die Rechnung, als er ohne Wissen von Walburga und Robert ein Rind und ein Schwein hinter ihrem Rücken an einen auswärtigen Metzger verkaufte. Der Verkaufserlös wanderte natürlich in seine eigene Tasche.

Walburga befand sich an jenem Samstag auf einer mehrtägigen Wallfahrt, und Robert war seit dem frühen Morgen mit dem Ausputzen von Jungpflanzen am Fohrenbühl beschäftigt. Noch vor Mittag fuhr der

Metzger aus dem Nachbarort mit einem großräumigen Viehwagen auf den Hof.

Wilhelm, der Nachbar, wunderte sich, als er den vorbeifahrenden Viehwagen bemerkte. Er hatte ja von Robert erfahren, dass erst zwei Monate später das Vieh verkauft werden sollte. Wilhelm wollte der Sache auf den Grund gehen und lief kurze Zeit später zum Fohrenhof hinüber.

Eine Kuh war schon in den Viehtransportwagen verfrachtet worden, als er hinzukam. Sein Sohn Gregor stand daneben und schaute gespannt dem Viehhandel seines Vaters zu. Brosi sprach den Nachbarn sogleich an, und fragte ihn, was er hier wolle. Er konnte seinen Nachbarn Wilhelm nicht leiden. Die Freundschaft zu Robert war ihm bekannt. Da kam auch schon der Metzger aus dem Schweinestall heraus. Er schob ein schlachtreifes Schwein vor sich her, bei dem zur Sicherung vor dem Weglaufen am hinteren rechten Fuß ein Seil befestigt war. Mit großer Mühe und unter viel Geschrei des Schweins brachte er es in den abgetrennten Teil des Viehwagens. Der finanzielle Teil musste vorher schon abgewickelt worden sein, denn ohne weitere Worte zu wechseln, fuhr der Schlachter mit dem Schlachtvieh vom Hof.

Wilhelm konnte diese Aktion nicht verstehen, ahnte aber, dass dies eine Verkaufsaktion des Brosi war, von der Walburga und Robert nichts wissen durften. Da nutzte der Neubauer Ambrosius die Gunst der Stunde aus, um auf schnelle Art und Weise an bares Geld, das ihm nicht zustand, zu kommen.

Schon zu Beginn ihrer Vermählung wurde mit Zustimmung von Brosi vereinbart, dass Walburga die finanziellen Geschäfte selbst abwickelte. Sie hatte zu bestimmen, was auf dem Hof verkauft und gekauft wurde. Gegen Abend sah Nachbar Wilhelm, dass Robert vom Wald herunterkam. Er hatte die Arbeit für heute beendet. Wilhelm lief ihm entgegen und erzählte ihm, was er beobachtet hatte. Robert war außer sich vor Wut über diesen unerlaubten Viehhandel. Daheim auf dem Hof geriet er mit dem Brosi in eine heftige Debatte, in die sich auch Brosis Sohn Gregor einmischen wollte. Das ließ der aufgebrachte Robert jedoch nicht zu und versuchte, ihn vom Hof zu jagen.

Brosi schrie Robert an: »Der Kerl bleibt hier, solange ich es will. Du hast du mir nichts zu befehlen.«

Aus Furcht, Brosi könnte bei weiteren Fragen noch handgreiflich werden, ließ Robert ihn einfach stehen und ging an seine Arbeit. Bis zur Walburgas Rückkehr am Sonntagabend sprachen sie kein Wort mehr miteinander. Laut wurde es wieder, als Robert seiner Mutter von Brosis Viehverkauf erzählte. Sofort stellte sie ihren Mann zur Rede und fragte ihn: »Wie konntest du hinter meinem Rücken Tiere, die dir gar nicht gehören, verkaufen?«

Brosi berührten die Vorhaltungen seiner Frau wenig. Nach ihrer Frage, wo nun das Geld sei, meinte er lakonisch: »Das gehört mir und ist der Lohn für meine Arbeit.«

Walburga schimpfte: »Ich arbeite auch jeden Tag und nehme nicht heimlich von dem, das allen gehört, noch etwas weg.«

Robert schüttelte nur noch den Kopf und begann, ohne noch ein Wort dazu zu sagen, mit den Stallarbeiten.

Für das Mastschwein, das die Bäuerin in den vergangenen Tagen an den örtlichen Metzger verkauft hatte, erhielt sie von ihm, als er das Schwein abholte, den Verkaufserlös in barer Münze auf die Hand. Auf diese allerorts übliche Handelsart erhielten die Bauersleute bares Geld, von dem sie ihren Lebensunterhalt bestreiten mussten. Am folgenden Montag wollte Walburga am Morgen ins Dorf gehen, um Einkäufe zu tätigen.

Wie seit Jahren üblich, hatte sie die Familienkasse mit dem Haushaltsgeld in der Schublade ihres Kleiderschranks in der Kammer aufbewahrt. Walburga wurde blass vor Schreck, als sie die Kasse mit dem Geld nicht mehr vorfand. Sie wusste genau, dass sie am Samstagabend noch an Ort und Stelle gelegen hatte. Ihr erster Verdacht, wer sich des Geldes bemächtigt haben könnte, fiel auf Brosi, ihren Mann. Aufgrund ihrer bisherigen Erfahrungen traute sie ihm auch das noch zu. Die finanziellen Dinge regelte sie immer noch selbst und behielt das Geld, auch seit sie mit dem Brosi verheiratet war, bei sich. In ihrer ersten Ehe mit Leopold regelten sie alles zusammen und führten eine gemeinsame Familienkasse. Aufgeregt und bestürzt über das Fehlen des Geldes eilte Walburga zu ihrem Mann, der auf dem Hof mit dem Einfetten der Achsen am Leiterwagen beschäftigt war. Sofort stellte sie ihn zur Rede.

»Brosi, sage mir, hast du unser Geld aus meinem Schrank in der Kammer geholt? Am Samstagabend war es noch da und jetzt ist alles weg.«

Erbost und mit einem beleidigenden Blick schaute er sie an und meinte: »Frau, wie kannst du nur mir so etwas unterstellen? Natürlich nicht, warum sollte ich das tun? Schau noch mal genau nach, dann wirst du es schon finden. Im Haus geht nichts verloren.«

Walburga ahnte schon, was geschehen war, getraute sich aber nicht, ihren Verdacht zu äußern. Zu schnell rastete Brosi wegen Nichtigkeiten aus und beschimpfte alle, die sich in seiner Nähe aufhielten.

Auffallend und erstaunlich war, dass Gregor am Sonntagvormittag, als die Leute vom Gottesdienstbesuch zurückkamen, nicht mehr auf dem Hofe zu sehen war. Da er ohne irgendwelche Erklärungen verschwunden war, geriet er bei Robert und seiner Mutter sehr schnell in Verdacht, mit dem gestohlenen Geld etwas zu tun zu haben. Gregor hatte ja beobachtet, wie der Metzger der Bäuerin beim Abholen der Mastsau Bargeld aushändigte.

Brosi, sein Vater, hatte sich am Sonntagmorgen nach dem Frühstück ebenfalls ohne Angaben vom Hofe entfernt. Altbauer Franzsepp hielt sich mit seiner Frau Theresia wie jeden Sonntagmorgen zum Dankgebet für eine halbe Stunde in der Hofkapelle auf. Auch an den Werktagen statteten die beiden ihrer schmucken Kapelle einen Besuch zu einem kurzen Gebet ab. Für frische Blumen und brennende Kerzen sorgte Theresia schon seit vielen Jahren.

So konnte Gregor die Abwesenheit aller Bewohner im Hause nutzen und sich in Walburgas unverschlossene Kammer schleichen. Nach kurzem Suchen hatte er das Geld gefunden, mit dem er sich sofort aus dem Staub machte und für immer vom Hof verschwand. Brosi kam erst gegen Abend wieder heim und erkundigte sich nicht nach seinem Sohn Gregor, der beim gemeinsamen Abendessen fehlte. Gregor war ja in der Zeit, in der er sich auf dem Fohrenhof aufhielt, öfter für ein oder zwei Tage verschwunden.

Für Walburga war es unbegreiflich und unvorstellbar, dass in ihrem Haus gestohlen wurde. Seit sie Bäuerin war, hatte es so was noch nie gegeben. Robert wagte nicht, seine Vermutung über den Verbleib des Geldes am Mittagstisch zu äußern.

Doch gegen Abend hatte sich in ihm seine Wut derart aufgestaut, dass er den Brosi bei den Stallarbeiten mit seiner Vermutung konfrontierte: »Sag mal Brosi, kannst du dir vorstellen, dass dein Sohn Gregor das

Geld gestern Vormittag, als niemand im Hause war, an sich genommen hat, um damit zu verschwinden?«

Verärgert über Roberts Verdacht, sein Sohn sei ein Dieb, stellte sich Brosi mit der Mistgabel in der Hand vor ihn hin und brüllte Robert mit grimmigem Blick an: »Mein lieber Stiefsohn, solch eine Unterstellung verbiete ich mir! Wage es nie mehr, so über meinen Sohn zu reden.«

Doch Robert fürchtete sich nicht mehr vor seinem Widersacher auf dem Hofe, seit er einen sehr wertvollen Trumpf für die nahe Zukunft gegen ihn in der Hand hatte. Mit diesem Beweisstück würde er ihm noch ordentlich zusetzen. Da war sich Robert sicher und entfernte sich aus dem Stall, ohne ein Wort zu verlieren. Die Menschen auf dem Hof waren sich einig, dass nur Gregor der Dieb gewesen sein konnte. Um weiteren Ärger in der Familie zu vermeiden, wurde im Beisein von Brosi nicht mehr über den Diebstahl gesprochen. Ab sofort herrschte tagelang zwischen Robert und dem Bauer Brosi Funkstille.

Nur Walburga getraute sich in ihrer misslichen Lage, immer wieder auf den Verlust des Geldes hinzuweisen, das ihr dringend fehlte. Damit wollte sie ihrem Mann diese verwerfliche Sache seines Sohnes ins Gedächtnis zurückrufen. Doch dieser hüllte sich bewusst in Schweigen. Selbst auf ihre Frage hin, wo Gregor sich seit dem fraglichen Sonntag aufhalte, bekam sie keine Antwort von ihm. Er wusste nämlich selbst nicht, wo sich sein Sohn seither aufhielt. Robert hatte deutliche Worte gefunden, als er vor allen Leute auf dem Hofe sagte: »Dieser verwahrloste Kerl soll sich keine Minute mehr auf dem Fohrenhof blicken lassen. Ansonsten wird er hier sein blaues Wunder erleben.«

Wenige Tage, nachdem Gregor verschwunden war, brachte der Postbote zwei Briefe ins Haus, die an die Eheleute Walburga und Ambrosius Tritschler Fohrenhof, adressiert waren. Walburga wunderte sich, dass sie gleich zweimal Post erhalten sollte, da ihr kein besonderer Anlass hierfür bekannt war. Gespannt öffnete sie die Briefe und erblasste. Jetzt musste sie sich setzen.

Es verschlug ihr fast die Sprache, als sie las, dass sie nach dem Verlust ihres Verkaufserlöses nun auch noch die von Gregor gemachten Schulden bezahlen sollte. So viel Dreistigkeit und Kaltschnäuzigkeit hatte sie von dem Kerl doch nicht erwartet. In dem Moment, als die verärgerte Bäuerin am Küchentisch saß und immer wieder den Kopf schüttelte über den Inhalt der beiden Briefe, kam ihr Schwiegervater Franzsepp hinzu.

»Walburga, worüber ärgerst du dich schon wieder?«, sprach er sie an.

»Da, lies es selbst, mit was ich alles hintergangen und ausgenutzt werde«, sagte sie und gab ihm die zwei Schreiben in die Hand. Auch er schüttelte nach dem Durchlesen nachdenklich den Kopf und konnte nicht glauben, was sein Enkelsohn wieder angerichtet hatte. Er legte die zwei Rechnungen auf den Tisch und meinte dazu: »Ich weiß, Walburga, dass ich mit meiner Forderung, meinen Sohn auf den Hof zu holen, einen großen Fehler gemacht habe. Theresia und ich wollten doch nur die Tradition bewahren und hofften, dass alles gut gehen würde und dass der Hof unter dem Namen Tritschler noch Generationen weitergeführt werden kann.«

Diese unangenehme Angelegenheit belastete das Gewissen des Altfohrenhofbauern doch sehr. Unruhig lief er mit gesenktem Kopf in der Küche umher und dachte über die ungewöhnlichen Vorkommnisse der letzten Tage nach.

Vom ortsansässigen Schuhgeschäft kam überraschend eine Rechnung über ein paar Herrenschuhe, echt Leder mit hohem Schaft, zu einem Preis von 125,90 DM. Die andere Rechnung lautete über eine Herrenhose, eine Herrenjacke, ein Hemd und ein paar Herrensocken, Gesamtpreis 195,50 DM. Sie wurde vom Bekleidungshaus im Ort ausgestellt.

Walburga nutzte beim Mittagessen die Gelegenheit, im Beisein von allen dem Brosi die Unverfrorenheit seines Sohnes zu offenbaren. Während alle ihre Suppe löffelten, holte Walburga die Briefe aus dem Küchenschrank und legte sie neben den Teller ihres Mannes mit den Worten: »Da schau hin und lies, was dein geliebter Sohn uns schon wieder angetan hat.«

Der schaute sie nur verwundert an und meinte: »Was hast du denn schon wieder? Lass endlich mal den Gregor in Ruhe. Ich will jetzt nichts mehr über ihn hören.«

Nur oberflächlich schaute der Brosi die zwei Briefe mit den jeweiligen Forderungen an und legte sie ohne weiteren Kommentar zur Seite, so als ginge es ihn gar nichts an. Franzsepp schaute seinen Sohn an und bestätigte die herbe Enttäuschung seiner Schwiegertochter über die Unverfrorenheit seines Enkels mit den Worten: »Ja, es ist eine beschämende Sache, was sich dein Sohn Gregor hier geleistet hatte. Ich habe die Briefe mit den Rechnungen selbst gesehen und kann den Ärger von Walburga verstehen.«

Am folgenden Tag erkundigte sich die Bäuerin in den zwei Geschäften, wie es zu dem Verkauf der in Rechnung gestellten Waren gekommen war. In beiden Fällen erhielte sie dieselbe Auskunft: »Ja, Brosis Sohn hatte uns gebeten, die Rechnung zur sofortigen Bezahlung an seine Eltern zu senden. Die wüssten von seinen Kaufabsichten.«

Der Fohrenhof genoss in der Region einen guten Ruf. Daher bestand für die Geschäftsleute keinen Zweifel, dass sie das ihnen zustehende Geld auch bekommen würden. Nachdem nun klar war, dass sich Brosis Sohn Gregor auf Pump völlig neu eingekleidet hatte, sank die Stimmung auf dem Fohrenhof noch mehr. Brosi kümmerte sich nicht um die aufgeforderte Zahlung, obwohl es seine ureigenste Sache gewesen wäre. Sein Sohn ließ sich nach diesem Streich nie mehr auf dem Fohrenhof blicken. Auch Brosi wusste nicht, wo er sich herumtrieb.

Bei den Menschen seiner Umgebung erweckte er den Anschein, als wenn ihm das Schicksal seines Sohnes gleichgültig wäre. Den Altbauer Franzsepp plagte in den letzten Tagen zu sehr sein Gewissen, denn hinter allem was geschehen war, steckte sein eigener Sohn und Enkel. Daher war er bereit, die Schulden selbst zu begleichen, ohne dass sein Sohn Brosi etwas davon erfuhr. Zusammen mit seiner Frau Theresia suchten sie zwei Tage später die beiden Geschäfte auf und beglichen die ausstehenden Forderungen, die auf ihren Sohn Ambrosius ausgestellt waren und vom Enkel verursacht wurden. Für Walburga war das spontane und großzügige Entgegenkommen ihres Schwiegervaters eine große Erleichterung. Sie konnte es immer noch nicht fassen, was der Sohn ihres zweiten Mannes sich erlaubt hatte. Für sie war er ein rücksichtsloser Zechpreller, den man strafrechtlich hätte verfolgen müssen. Doch niemand wusste, wo Gregor untergetaucht war. Auf eine Anzeige wegen Diebstahl, verzichtete Walburga nach einvernehmlicher Absprache mit dem Altbauer. Für Gregor war nach seinen verwerflichen Taten klar, dass er mit unangenehmen Konsequenzen rechnen müsste, wenn er sich noch einmal auf dem Fohrenhof blicken lassen würde.

Große Trauer kehrt ein

Die vielen Querelen mit seinem Sohn Ambrosius und seinem Enkel Gregor wurden für den Altbauer Franz-sepp von Tag zu Tag unerträglicher und ließen ihn nicht mehr zur Ruhe kommen. Seit sein Sohn auf dem Hofe war, herrschten immer wieder Unstimmigkeiten, die nur durch sein Verhalten hervorgerufen wurden. Mal waren es unerlaubte Handlungen, über die sich seine Frau Walburga ärgerte, dann kamen die vielen Zwistigkeiten mit Robert noch hinzu. Brosi wollte sich bei vielen Angelegenheiten und Entscheidungen durchsetzen, was ihm aufgrund seiner mangelnden Erfahrung nicht gelang. Des Weiteren gab es mehrfach Ärger und Probleme mit Gregor, seinem Sohn, der mit seinem urplötzlichen Erscheinen auf dem Hof für großen Unfrieden sorgte. Der erfolgte Wunsch und Forderung des Altbauern, Walburga solle seinen Sohn Brosi zu heiraten, belastete ihn immer mehr. Er sah ein, dass die alte Tradition für den Hof in der heutigen Zeit doch keine gute Lösung war. Für die vielen

Querelen und den Ärger, den es in der Familie gab, fühlte er sich mitschuldig.

Wenige Tage vor seinem Tode sagte er zur Theresia: »Das Leben auf dem Hof macht mir keine Freude mehr. Es ist alles nicht mehr so wie es früher einmal war. Wir sind unnütz geworden und unsere Meinungen tragen nicht mehr zum Guten bei.«

Er hatte sich in der Gesinnung seines Sohnes Ambrosius getäuscht und ihn falsch eingeschätzt, als er Walburga die Heirat mit ihm empfohlen hatte. Mit seinem aufdringlichen Verhalten hatte er Walburga keinen guten Dienst erwiesen. Der Streit der letzten Tage zwischen Robert und Brosi wegen dessen ledigen Sohns Gregor, von dem er zu keiner Zeit etwas wusste, setzte dem Altbauer doch sehr zu. Durch all diese Umstände verlor er immer mehr an Lebenswillen. Seine körperliche Schwäche und die nachlassende Lebenskraft ließen es nicht mehr zu, die Mühle zu bedienen.

Eine willkommene, jedoch anspruchsvolle Beschäftigung war die Arbeit in der Mühle, die er bis dahin gerne ausgeübt hatte. Doch nun konnte er die schweren Frucht- und Mehlsäcke nicht mehr bewegen, wie es erforderlich gewesen wäre. Das störte ihn sehr. Immer öfter saß er auf der Ruhebank neben dem Bienenhaus und verbrachte dort so manche ruhige Stunde über den Tag hinweg. Am regen Treiben und an der Arbeit der Bienen bis zur Honigernte erfreute sich der

Hobbyimker Franzsepp besonders. Sein naturreiner Tannenhonig mit dem unverkennbaren und unverfälschtem Tannenaroma war ein bekanntes Markenzeichen seiner Imkerei und bei den Kunden sehr beliebt und geschätzt.

Vor wenigen Tagen sprach ihn seine Frau Theres auf ihr großes Familienfest an, das in zwei Wochen auf dem Fohrenhof stattfinden sollte. Aber dem Altbauer fiel nicht ein, welches große Fest seine Frau meinte.

Sie ließ ihn kurz nachdenken und fragte weiter: »Kannst du dich noch an unseren ersten Hochzeitstag erinnern? Weißt du auch wie viele Jahre wir nun schon verheiratet sind?«

Jetzt dämmerte es dem Franzsepp, und er meinte: »Ja, Frau, dann könnten wir unsere ›Diamantene Hochzeit‹ feiern.«

»Sind wir nun doch schon sechzig Jahre verheiratet?« fragte er sie ganz verwundert mit einem leichten Lächeln. Er wollte aber im Gegensatz zu seiner Frau kein besonderes Fest daraus machen und lehnte die von Walburga mit Theres besprochenen Vorbereitungen dazu ab. Ihm war nicht mehr zum Feiern zumute.

Er hätte auch nicht mehr die Kraft dazu gehabt, diesen Trubel mit Freude zu verfolgen. Seinen Wunsch, auf dieses seltene Fest zu verzichten, konnten die Menschen, die ihn kannten, verstehen.

Doch schon wenige Tage vor dem 60. Hochzeitstag von Franzsepp und Theres kam große Trauer über den

Fohrenhof, als in der Nacht von Pfingstsonntag auf Montag der alte Fohrenhofbauer Franzsepp im fünfundachtzigsten Lebensjahr nach einem arbeitsreichen Leben friedlich einschlief. Unbemerkt von seiner Frau Theresia schloss er in dieser Nacht seine Augen für immer. Nachdem er am Morgen von ihr mehrmals angesprochen wurde und nicht reagierte, war seiner Frau klar, dass ihr Mann tot neben ihr lag. Sie schrie auf und rief ihre Schwiegertochter, die sofort zu ihr eilte. Dem friedlichen Ausdruck seines Gesichtes konnten sie entnehmen, dass er, zur Beruhigung seiner Angehörigen, keinen Todeskampf hatte erleiden müssen. Walburga holte Robert in die Kammer zu seinem verstorbenen Großvater. Gemeinsam verharrten sie voller Trauer in einem stillen Gebet. Danach lief Theresia die Treppe hoch in die Kammer zu ihrem Sohn. Er lag noch im Bett. Auf die Nachricht vom Tode seines Vaters reagierte er ohne besondere Regung und Trauer. Er meinte nur: »Jetzt hat er endlich seine Ruh. Wir müssen alle auch mal gehen.«

Mit dieser lapidaren Bemerkung ihres Sohnes hatte Theresia nicht gerechnet. Seine Äußerung, die keine Spur von Trauer zeigte, schmerzte sie sehr, und doch sie konnte es ihm gegenüber nicht zum Ausdruck bringen.

Nach einer alten Tradition nahmen die vielen Trauergäste, die am Tag der Beerdigung zum Fohrenhof kamen, in der Stube am offenen Sarg durch Besprengen mit Weihwasser Abschied vom alten Fohrenhofbauer. Jakob Kaltenbach, Wilhelms Sohn, ein Nachbar des Fohrenhofs, läutete, als der Trauerzug den Fohrenhof, das Geburtshaus des Altbauern verließ, noch einmal das Glöcklein der Hofkapelle.

Diese Aufgabe hatte der Verstorbene zu Lebzeiten jeden Sonntag zur Mittagszeit selbst übernommen. Seine beiden Pferde Hans und Fred, die den Altbauern über viele Jahre treue Begleiter und ein gutes Gespann waren, wurden von Wilhelm, dem Nachbarn, geführt. Sie brachten den Sarg mit ihrem toten Altbauern auf dem Chaisenwagen ins Dorf zum Friedhof, seiner letzten Ruhestätte. Eine überaus große Trauergemeinde gab durch ihre Teilnahme dem Altbauern am offenen Grab die letzte Ehre. Bei der anschließenden Trauerfeier im Gasthaus erzählte die Witwe Theresia, wie sehr ihr Mann erfreut gewesen war, noch erleben zu dürfen, dass Robert die Gunst des tüchtigen und braven Annele gewinnen konnte. Gerne sprach ihr Mann immer wieder mit ihr über die beiden jungen Leute und hoffte sehr, dass sein Enkel Robert mit dem Annele eine fleißige Frau auf den Hof bringen würde. Mit Fleiß und guten Willen sollten sie den Hof bewirtschaften und erfolgreich weiterführen. Das war immer ein großes Anliegen von ihm gewesen.

Auf dem Fohrenhof begann, nachdem der Altbauer verstorben war, eine unruhige Zeit. Brosi wurde bewusst von den geplanten Umbaumaßnahmen im Hause nicht informiert. Er war sehr erbost, als er von den umfangreichen Renovierungen erfuhr und fühlte sich hintergangen, weil man ihn bei den Planungen nicht mit einbezogen hatte. Den vorausgegangenen Ärger mit seinem Sohn Gregor hatten Walburga und Robert nicht vergessen. Daher hatte Robert die gesamten Modernisierungsvorhaben mit seiner Mutter und einem befreundeten Handwerker besprochen. Robert ließ Brosi die tiefe Trauer über den Verlust seiner geliebten Friedel spüren. Es begann für ihn eine schwere Zeit, nachdem er seine erste Liebe auf solch eine mysteriöse Weise verloren hatte. Mit ihr wollte er eine Familie gründen und eine gemeinsame Zukunft aufbauen. Zwischen Friedel und ihm war in kurzer Zeit eine schöne vertraute Harmonie entstanden. Das war nun plötzlich alles vorbei. An allen Ecken und Enden fehlten ihre fleißigen Hände. Robert und seine Mutter befanden sich in einer schwierigen Situation. Das Verhältnis zu Brosi war aufgrund der Vorkommnisse zerstört. Dieser ging Robert auch aus dem Weg und machte seine Arbeiten in der Hoffnung, von ihm wegen Friedel nicht angesprochen zu werden.

Robert wusste, dass das Annele nach der großen Enttäuschung mit Flori keine neue Freundschaft mit einem anderen Mann eingegangen war. Seine Zuneigung zum Annele, seiner ehemaligen Sandkastenfreundin, war nie erloschen. Ihre Freundschaft mit seinem Bruder Florian war ja von Beginn an nicht die beste gewesen. Flori ließ sich beim Annele oft tagelang nicht blicken, sodass sie nicht wusste, wo er sich zu dieser Zeit wieder herumtrieb. Diese Unsitte seines Bruders blieb Robert nicht verborgen. Es war die Zeit, in der sich Flori dem Zirkus angeschlossen hatte. Mehrmals erkundigte Annele sich bei Robert nach dem Verbleib von Flori. Er konnte ihr jedoch auch keine Auskunft geben. Daheim ließ er auch seine Familie im Unklaren über seinen Verbleib. Da kam Robert das Musikfest im Dorf sehr gelegen. Anneles Bruder Jakob fragte ihn, ob er zusammen mit dem Annele und ihm am Sonntag den Festumzug anschauen möchte.

Das war für Robert die passende Gelegenheit, sich mit dem Annele bis zum Abend zu unterhalten und sich ihr zu nähern. In langen Gesprächen spürten beide, wie ihre gegenseitige Sympathie wuchs. Für Robert war dieser gemeinsame Festbesuch der Anfang einer hoffnungsvollen engeren Beziehung. Mit dem Wunsch, Anna zu seinem Geburtstagsessen am folgenden Sonntag in sein Elternhaus einzuladen, zeigte er seiner Familie, dass ihn die Freundschaft zu Annele sehr wichtig war. Gerne nahm Annele seine Einladung an. Nicht nur Walburga, auch die Großmutter Theresia freute sich, die sympathische Anna am Mittagstisch auf dem Fohrenhof begrüßen zu dürfen. Robert nutzte fortan jede Gelegenheit, um sich mit dem Annele zu treffen. Für ihn begann ein neues, von Glück beseeltes Leben – ein Leben, das er sich so sehr gewünscht hatte. Auf dem Hof war Anna gerne gesehen, da sie nach Feierabend des Öfteren noch für ein paar Stunden ihre Hilfe anbot. So entstand für Anna und Robert eine immer tiefere Verbundenheit, die in kurzer Zeit zu einer engen Bindung wurde.

Wilhelm und Rosina, Anneles Eltern, sahen die Verbindung mit Robert gerne, auch wenn ihre Tochter dadurch den erlernten Beruf in naher Zukunft nicht mehr weiter ausführen konnte. Nachdem sich die Freundschaft zwischen den beiden immer mehr vertiefte und Robert sein Annele nicht mehr losließ, gelobten sie sich, für immer beisammenzubleiben. Ohne ihre Eltern davon in Kenntnis zu setzen, kauften sie sich eines Tages in geheimer Absprache ihre Verlobungsringe. Die offizielle Bekanntgabe ihrer besiegelten Liebesbeziehung sollte für alle eine Überraschung werden. Sie luden ihre Eltern, Walburga, Wilhelm mit Rosina und Großmutter Theresia am Sonntagabend zu einer gemütlichen Feier in die große Bauernstube ein. In ihrem Beisein besiegelten Robert und Anna ihre Verbundenheit mit dem gegenseitigen Überstreifen ihrer Verlobungsringe. Walburga konnte ihre Freudentränen nicht mehr verbergen. Ihr geheimer Wunsch, dass diese beiden jungen Menschen sich finden würden, ging nun doch noch in Erfüllung. Sie war sich sicher, dass mit dem sympathischen Annele eine junge fleißige Frau auf ihren Hof kommen würde. Mit ihrer Gratulation zur Verlobung der beiden jungen Leute war es ihr um eine sorglose Zukunft ihres Hofes nicht mehr bange. Walburga war darüber sehr erfreut, sie war mit sich und mit den jungen Leuten zufrieden. Großmutter Theres meinte dazu: »Auch der Großvater Franzsepp hätte sich sehr gefreut, wenn er die Verlobungsfeier seines Enkels noch hätte miterleben dürfen.«

Übeltäter entlarvt

In der Öffentlichkeit war der plötzliche Tod der Magd vom Fohrenhof in aller Munde. Niemand glaubte, dass Friedel durch Unvorsichtigkeit bei ihrer Arbeit zu Tode gestürzt sei, noch viel weniger an einen Freitod, denn ihr hatte die Arbeit auf dem Hofe stets viel Freude bereitet. Eine unachtsame Arbeitsweise als Unfallursache konnte sich daher auch niemand vorstellen. Auf dem Hof war allen bekannt, wie vorsichtig, umsichtig und gewissenhaft Friedel ihre Arbeiten verrichtet hatte. Für die Menschen im Haus blieb daher der Unfall ein völliges Rätsel.

Da sich der Brosi nach dem Vorfall nur noch selten in der Öffentlichkeit blicken ließ, glaubte man umso mehr, dass er an Friedels Tod schuld habe. Auch Robert hörte von diesen Verdächtigungen. Für ihn wurde es nun höchste Zeit, seinem ganzen aufgestauten Ärger endlich Luft zu machen. Da er die vermutliche Tatwaffe noch versteckt hielt, wollte er jetzt Licht in die noch dunkle Angelegenheit bringen. Er konnte nun nicht mehr länger warten und wollte vom Brosi selbst den wahren Hergang des Geschehenen erfahren. Walburga spürte, dass seit dem Unglück in der Scheune zwischen den beiden Männern große Anspannung herrschte. Selbst Großvater Franzsepp bemerkte das und fragte seine Schwiegertochter Walburga: »Was ist denn mit Robert und Ambrosius los, die reden ja schon seit Tagen kein Wort mehr miteinander?«

»Ich weiß auch nicht, was in sie gefahren ist. Aber frag sie doch selbst«, gab sie ihm zur Antwort. Das getraute er sich nun doch nicht und lief zu seiner Mühle hinüber, in der die letzten Roggenkörner durch den Trichter auf das Mahlwerk fielen. Walburga wollte am kommenden Morgen wieder frisches Brot für die nächsten vierzehn Tage backen. Dazu brauchte sie für ihr kerniges und schmackhaftes Bauernbrot ein Drittel Roggenmehl und zwei Drittel Weizenmehl, das sie einen Tag zuvor in der Backmulde in der Küche für den Backtag vorbereitete. Bei den Mehlsorten für den eigenen Verbrauch mahlte der Altbauer immer nur auf kleinen Vorrat. Im Gegensatz zum Gerste- und Haferschrot, der für die tägliche Schweinefütterung benötigt wurde, musste er stets ein auf mehrere Wochen ausreichenden Vorrat achten.

Am nächsten Tag bei den gemeinsamen Holzfällerarbeiten nutzte Robert die Gelegenheit, dem Brosi unter vier Augen ins Gewissen zu reden. Er wollte nun endlich erfahren, wie sich Friedels Unfall in Wirklichkeit ereignet hatte. Bei dieser Befragung konnte ihm Brosi nicht davonlaufen und den verfänglichen Fragen von Robert aus dem Wege gehen. Während der Mittagsvesperpause gab Robert sich einen Ruck und wagte es endlich, seinem Stiefvater die erste Frage zu stellen: »Brosi, jetzt sage mir mal ehrlich, wie kam es denn zu dem Unfall mit Friedel in der Scheune? Du bist doch dabei gewesen, als Friedel durch den Futterschacht hinunterfiel?«

Wie erstarrt blickte Brosi Robert an und antwortete mit erboster Miene: »Was redest du für einen Unsinn daher? Ich war doch zu dieser Zeit schon längst oben im Wald bei der Arbeit. Komm mir jetzt nicht mit deinen Hirngespinsten und fadenscheinigen Verdächtigungen. Wie kommst du denn überhaupt zu solch einer banalen Vermutung?«

Robert verhielt sich ruhig und ließ sich nicht anmerken, dass er ein sicheres Beweisstück in der Hand hatte. Er schaute seinen Stiefvater ernsthaft an und fragte ihn erneut nach dem Hergang in der Scheune. Robert bohrte weiter: »Du glaubst doch selbst nicht, dass Friedel bei ihrer gewohnten Arbeit so ungeschickt war und aus Versehen in den Schacht fiel.«

Da legte Brosi nach und sagte frei weg: »Die hätte halt besser aufpassen müssen und nicht halb verschlafen ihre Arbeit machen. Dann wäre so etwas nicht passiert.«

Nun wurde es Robert zu bunt und er konnte seine aufgestaute Wut nicht mehr länger zurückhalten. Es war nun an der Zeit, seinen Trumpf auszuspielen. »Kannst du mir denn erklären, wie das Blut an den Heuliecher gelangen konnte, mit dem Friedel an dem Morgen gearbeitet hatte?«

Prompt antwortete Brosi mit einem bösem Blick: »Was redest du für einen Schmarren daher? Wie kann ich das wissen, wenn ich nicht dabei war und was geht mich ihr Heuliecher an?«

Jetzt war es ausgesprochen, was den Brosi unsicher machte. Nun war ihm klar, dass Robert im Besitz des Heuliechers war, der seine Verletzung am Oberschenkel verursachte hatte Dennoch versuchte Brosi, das Gespräch in eine andere Richtung zu lenken, um sich zu entlasten. Er erzählte Robert seine eigene Version, wie es zu dem Sturz von Friedel kommen konnte: »Du weißt ja, sie wollte doch mit ihrer Arbeit immer schon fertig sein, bevor sie recht angefangen hatte. In ihrer üblichen Unvorsichtigkeit könnte sie, als sie das Heu vor sich her schob, zu nahe an den offenen Schacht geraten sein. Daher konnte sie das Loch nicht sehen, kam zu weit vor, rutschte aus und fiel hinunter.«

Diese Unterstellung ließ Robert nicht gelten und konterte energisch: »Brosi, du weißt so gut wie ich, dass Friedel stets ordentlich, vorsichtig und gewissenhaft arbeitete. Hinzu kommt, dass der Arzt bei der genauen Untersuchung an ihrem Körper keine äußeren Verletzungen feststellen konnte. So waren weder an ihrem Körper noch an ihrer Kleidung Blutspuren vorhanden. Kannst du mir erklären, woher dieses Blut am Eisenhaken und am Stiel des von ihr verwendeten Heuliechers stammt?« Robert spürte, wie der Brosi immer unsicherer wurde und nach weiteren Argumenten für seine eigene Version suchte. Diese Fragerei hatte ihm plötzlich den Appetit verdorben. Er ließ das Brot mitsamt dem Speck aus den Händen fallen, stand auf und sagte in seiner Unsicherheit: »Also lass mich jetzt endlich in Ruhe wegen dieser Sache. Ich will damit nichts zu tun haben.«

Mit seiner Kaltschnäuzigkeit versuchte er jegliche Schuld von sich zu weisen. Ihm fehlten allerdings weitere Argumente, um Robert von seiner Unschuld überzeugen zu können. Robert wusste, dass er jetzt den richtigen Zeitpunkt gewählt hatte. Er nutzte die Gunst der Stunde und setzte seine gezielte Befragung fort. Erneut forderte er den Hofbauern auf, endlich mit der Wahrheit herauszurücken. Er wagte es, den Stiefvater mit seinen bohrenden Fragen immer mehr in die Enge zu treiben. Obwohl er wusste, dass er den jähzornigen Brosi mit seiner Fragerei zu sehr reizen könnte, fuhr er fort: »Hast du schon einmal nach dem Heuliecher gesucht, mit dem dir von Friedel deine Verletzung am Oberschenkel beigebracht wurde?«

Mit dieser direkten Frage hatte er den Bogen überspannt. Das war für den in Wut geratenen Bauern nun doch zu viel. Er dröhte Robert mit der Axt und warnte ihn:

»Wenn du jetzt nicht mit dieser Anschuldigung aufhörst, passiert noch was, und zwar gleich hier im Wald.«

Das war für Robert ein Zeichen, dass er Brosis Geduld ausgereizt hatte. Doch eines wollte Robert dem Brosi noch verraten und ihm damit in sein Gewissen reden, auch wenn es für ihn selbst gefährlich werden könnte.

In sicherem Abstand zu ihm lüftete er sein im Verborgenen gehaltenen Geheimnis mit der Bemerkung: »Brosi, kannst dich rausreden, wie du willst. Der Beweis, dass du die alleinige Schuld an Friedels Tod trägst, ist in sicherer Verwahrung. Er wird dich noch zur Rechenschaft zwingen und zwar in aller Öffentlichkeit. Das Blut, das heute noch am Heuliecher klebt, ist dein Eigenes. Du wirst deine gerechte Strafe auf dieser Welt noch bekommen für das, was du meiner Friedel angetan hast. Solche Leute hatte man in früheren Jahren im Beisein einer großen Menschenmenge am Triberger Galgen hängen sehen. So wie es dem fünfundzwanzigjährigen Schelm aus Niederschopfheim erging, als er im Jahre 1776 wegen Schelmereien und Diebstähle als letzter am Triberger Galgen hingerichtet wurde.«

Brosi warf daraufhin die Axt wutentbrannt dem Robert entgegen. Durch einen Sprung zur Seite traf diese ihn jedoch nicht. Er verschwand danach schnurstracks von der Arbeitsstelle, ohne auch nur ein Wort noch zu sagen. Robert wunderte sich über diese Reaktion nicht. Damit hatte er gerechnet und war gewarnt vor einem zu erwartenden Wutausbruch. Denn nun wusste Brosi, dass ein echter Beweis gegen ihn vorlag, dem er nichts mehr entgegensetzen konnte. Eine Blutuntersuchung würde ihn überführen. Noch war das Beweisstück in seiner Verwahrung. Doch Robert war bereit, das Arbeitsgerät der Polizei zu übergeben, um die Wahrheit über den Hergang des Unfalls endlich ans Licht zu bringen.

Er wusste, dass Friedel an besagtem Morgen in der Scheune für ihre Arbeit den blutverschmierten Heuliecher verwendet hatte. Da Robert diesen jedoch als originales Beweismittel unverändert aufbewahren wollte, benötigte für den weiteren Gebrauch ein Ersatzgerät. Aus früherer Zeit war ein ähnliches noch vorhanden, das jedoch einen abgebrochenen Stiel hatte. Kurzerhand fertigte Robert einen neuen Holzstiel an und setzte ihn in den Metallschaft ein. Damit ersetzte er den von ihm in Verwahrung genommenen Heuliecher. Diese Reparatur hatte auch Brosi mitbekommen. Robert wunderte sich, dass Brosi sich noch nicht nach dem verschwundenen Heuliecher erkundigte. Aber dadurch entging er den verfänglichen Fragen. Nachdem sich Brosi wutentbrannt aus dem Staub gemacht hatte, arbeitete Robert weiter bis zum

Feierabend. Walburga fragte ihn nach der Rückkehr, warum er alleine nach Hause komme. Da schaute Robert seine Mutter verwundert an und fragte: »Ja, ist er noch nicht daheim? Dein Mann hatte kurz nach der Mittagspause die Axt hingeworfen und ist wutentbrannt von der Arbeit weggelaufen. Er kam auch nicht mehr zurück.«

Dass Brosi die Axt beim Wurf auf ihn gerichtet hatte und sie ihr Ziel jedoch verfehle, sagte Robert nicht. Erstaunt fragte Walburga ihren Sohn nach dem Grund von Brosis Verschwinden, denn auf dem Hof sei er noch nicht angekommen. Daraufhin berichtete Robert seiner Mutter, was oben im Wald vorgefallen war: »Ich habe ihn zur Rede gestellt und ihm erzählt, dass ich den Heuliecher als Beweismittel in Verwahrung habe, an dem sein Blut heute noch klebt. Habe ihm ferner klar gemacht, dass er für seine Schandtat büßen müsse und er in aller Öffentlichkeit zur Rechenschaft gezogen werden wird.«

»Robert, da kannst du nur von Glück reden, dass er dir nichts angetan hat. Du weißt doch, wie schnell er in Weißglut gerät, wenn er in Rage kommt und in die Enge getrieben wird. Da kennt er sich nicht mehr, rastet aus und handelt unkontrolliert«, meinte seine Mutter erleichtert.

Letzter Ausweg

Walburga befand sich am nächsten Tag mit den Land-frauen auf einem Ausflug und kam spät nach Hause. Am folgenden Morgen war Brosi wieder nicht zum Frühstück in der Küche erschienen. Sie ahnte nichts Gutes und ging in seine Kammer. Dort stellte sie ver-wundert fest, dass sein Bett leer und es seit zwei Ta-gen nicht benutzt worden war. Denn er sah es als ihre Aufgabe an, sein Bett zu machen. Walburga dachte, ich traue ihm zu, dass er gar nicht mehr auf den Hof zurückkommt und sich herumtreibt, nachdem ihm Robert klar und deutlich erklärt hat, dass nur er der Schuldige an Friedels Tod sein kann, was ja alle schon vermuteten. Wo er sich wohl in den letzten Tagen und Nächte aufhielt? fragte sie sich dann. In der kurzen Zeit seit ihrer Vermählung kam er zwar öfter sehr spät in der Nacht heim, ohne Angabe, wo er gewesen war. Aber dass er gar nicht erschien, das hatte es noch nie gegeben. Am Frühstückstisch rätselten Walburga, Ro-bert und die Altbäuerin Therese, wo sich Brosi seit sei-

nem Verschwinden wohl aufhalten könne. Der Großmutter hatte Robert von seiner Unterredung mit Brosi
im Wald nichts erzählt. Auch sie machte sich Sorgen
um ihren Sohn und meinte zu ihrer eigenen Beruhigung: »Ich bin mir sicher, mein Ambrosius wird schon
wieder kommen, wenn er Hunger und Durst hat.«

Doch er kam auch am nächsten Tag nicht auf den
Hof zurück.

Als Theresia am Sonntagmittag kurz vor zwölf Uhr
in die Kapelle kam, erschrak sie sehr. Das dünne Glockenseil, mit dem sie traditionsgemäß jeden Sonntagmittag die Glocke zum Gebet geläutet hatte, hing bisher bis kurz über den Boden. Zu Lebzeiten hatte ihr
Mann Franzsepp das »Georgsglöcklein« stets selbst
geläutet. Das Seil war aber nun abgeschnitten. Daraufhin blieb die Glocke der Georgskapelle stumm.
Theresia konnte das Seilende nicht erreichen, das weit
über ihrem Kopf endete. Sie konnte sich nicht erklären, wer solch eine Schandtat, den Klang des Glöck-
leins, das dem Heiligen Georg geweiht war, verstum-
men zu lassen, begehen konnte.

Auch in den darauf folgenden Tagen erschien der
Brosibauer nicht auf dem Hof. Als daraufhin immer
noch kein Lebenszeichen von ihm bekamen, mach-
ten sich Robert und seine Mutter ernsthafte Sorgen.
Walburga wusste, dass er zwischenzeitlich nicht im
Hause gewesen sein konnte, da weder Kleidung noch
Geld fehlten und entsprechende Verpflegung nicht

angerührt worden war. Er trug also immer noch seine werktägliche Arbeitskluft, so wie er an jenem Morgen mit Robert in den Wald gegangen war. Dass er einfach fortblieb und kein Lebenszeichen von sich gab, konnte Walburga nicht verstehen. Für Robert und sie kam jetzt der Zeitpunkt, in dem sie bereit waren, nach reiflicher Überlegung, Anzeige gegen Ambrosius zu erstatten. Mit dem blutverschmierten Heuliecher wollten sie gleich am nächsten Morgen gemeinsam zur Polizei gehen und den Sachverhalt so schildern, wie er sich zugetragen haben musste.

Noch am selben Abend schlug der Nachbar Wilhelm vor, gemeinsam nach Brosi zu suchen. Vielleicht hielt er sich in der Schutzhütte im Hochwald am Fohrenbühl auf, woran noch niemand gedacht hatte. Auch sein Sohn Jakob und Alois vom Nachbarhof Kaltenbach wollten sich an der Suche nach dem Brosi beteiligen. Noch bevor die Polizei mit ihrer Suche begann, machten sich die Männer vom oberen Fohrenbühl selbst auf den Weg, um nach dem seit Tagen verschollenen Brosi zu suchen. Sie wussten, dass er schon mehrere Tage ohne Verpflegung war. Ihre Hoffnung, er könnte sich in der eigenen Schutzhütte aufhalten, erfüllte sich nicht. Die Hütte war leer.

Der stark aufkommende Nebel erschwerte ihre Suche, sodass sie bei eintretender Dunkelheit ergebnislos heimkehrten. Am folgenden Tag versuchten sie erneut, trotz des Regenwetters, nach dem verschollenen Bauern zu suchen. Dass er durch das Hochmoor gegangen und im sagenumwobenen Blindensee seinem Leben freiwillig ein Ende gemacht haben könnte, wollte niemand glauben. Daher mieden sie dieses Gebiet weiträumig und konzentrierten ihre Suche auf das steile, unwegsame Gelände, in das weder ein Weg noch ein Pfad führte. Der gefährliche Steilhang erschwerte ihr Vorwärtskommen durch das von Dornen bewachsene Gestrüpp und das dichte Unterholz. Daher blieben sie zur eigenen Sicherheit als Gruppe zusammen. Alois Kaltenbach ging voraus.

Plötzlich blieb er stehen und rief laut: »Hier liegt ein Stück Stoff auf dem niedrigen Gestrüpp. Es muss wohl ein Taschentuch sein.«

Schnell waren alle am Fundort und Robert erkannte sofort, dass das gefundene Taschentuch seinem eigenen ähnelte, welches er bei sich trug und aus dem Haushalt seiner Mutter stammte. Alle waren sich einig, dass es nur vom Brosi herrühren konnte. Einer schaute den anderen an, getraute sich aber nicht, seine Gedanken, warum es den Brosi in dieses verwilderte Waldgebiet verschlagen habe, zu äußern. Da jetzt durch das Auffinden des bekannten Fundstückes in ihnen die Hoffnung keimte, auf der richtigen Spur zu sein, stieg in jedem von ihnen ein mulmiges Gefühl auf. Auf einmal waren sie alle auf eine unangenehme Überraschung gefasst. Dem vorausgehenden Alois war es plötzlich nicht mehr wohl, und er forderte Robert auf: »Ich gehe jetzt nicht mehr voraus, übernimm bitte du die Führung.«

Mit größter Vorsicht und Umsicht erkundigten sie sorgfältig die dicht bewachsene Gegend und schauten hinter jedem größeren Findling, die im Gelände vereinzelt herumlagen, nach. Nach dem Vorbeigehen an einem hohen Gebüsch, blieb Robert plötzlich wie angewurzelt stehen. Wilhelm trat als erster zu ihm und klammerte sich an Robert fest. Beide standen sie wie versteinert vor Ambrosius. Vor Schreck konnten sie kein Wort hervorbringen. Nun kamen auch die anderen dazu. Voller Entsetzen starrten sie Ambrosius an. Für alle ein unvergesslich, schauriger Anblick, den Brosi so vorzufinden.

Brosi hing am Ast einer Eiche, mit den Füßen knapp über dem Boden baumelnd. Er hatte einen Felsblock neben den Baum gewälzt, um sich mit der Schlaufe um den Hals von diesem Stein fallen zu lassen. Dieser Strick war allen bekannt. Es war das fehlende Stück des Glockenseils aus der Georgskapelle vom Fohrenhof. Brosi musste noch in der ersten Nacht seines Verschwindens das Glockenseil in der unverschlossenen Kapelle abgeschnitten haben. Er war sein eigener Richter gewesen und hatte sein Urteil gleich in die Tat umgesetzt. Alle hatten den Brosibauern gut gekannt und ihre Enttäuschung darüber, dass Brosi seinem Leben freiwillig ein Ende gesetzt hatte, war sehr heftig.

»Du Feigling«, mehr brachte Robert in diesem Moment nicht hervor. Zu sehr war auch er enttäuscht von diesem Menschen.

Nun standen die vier Männer ratlos vor Brosi und überlegten, was jetzt zu tun sei. Wilhelm ergriff das Wort: »Wir dürfen ihn nicht abhängen. Das müssen wir der Polizei überlassen.«

Er schlug vor, dass Alois zum Hof zurückgehen sollte, um Walburga zu informieren. Jakob sollte zur Polizei fahren und sie anschließend zum Fundort führen. Alles Weitere lag dann im Zuständigkeitsbereich der Polizei.

Robert und Wilhelm blieben am Fundort bei Brosi zurück, bis die Polizei eintraf. Nach der Protokollierung des Vorfalles orderten sie einen Leichenwagen in die Nähe der Fundstelle. Oben angekommen, war es für die Männer nicht leicht, mit ihrer Bahre durch das unwegsame Gelände zur Fundstelle zu gelangen. Ein Beamter schnitt das Seil über Brosis Kopf durch. Mit vereinten Kräften legten die Männer die Leiche auf die Bahre. In der aufkommenden Dunkelheit war der Transport in dem steilen Gelände für alle Beteiligten recht mühsam. Die Polizeibeamten begleiteten die Bergungsleute bis zum Fahrzeug des Bestatters. Den Heimweg zum Fohrenhof durften die Männer nach der erschwerten Suche im Fahrzeug der Polizei zurücklegen. Dort angekommen, erledigten die Beamten im Beisein aller Zeugen in der Stube die genaue

Protokollierung des gesamten Vorgangs mit Erläuterung der umfangreichen Vorgeschichte.

Die Nachricht vom Ableben ihres Mannes, die ihr Alois zuvor überbracht hatte, verwunderte Walburga nicht sonderlich. Sie konnte auch keine echte Trauer empfinden. Gefasst und mit klaren Worten schilderte sie, wie sie ihr Leben an der Seite ihres zweiten Ehemannes ertragen musste.

Robert erklärte den Beamten: »Der Brosi wusste, dass nur er aufgrund des vorhandenen Heuliechers als Täter in Frage kommen würde.«

Er konnte sich der Beweislast nicht mehr entziehen, da am Heuliecher noch immer sein eigenes Blut klebte. Für ihn war die Schmach, von den Polizeibeamten als Übeltäter angesehen zu werden und am Tod eines Menschen schuldig zu sein, zu groß und erdrückend. Durch seine Feigheit, indem er seinem Leben durch den Freitod ein Ende setzte, entging er der gerechten Strafe, die Schuld in einem Gefängnis verbüßen zu müssen. Für Theresia, Brosis Mutter, die ebenfalls anwesend war, waren diese Minuten die schwersten ihres Lebens. Der Gedanke, dass er mit dem Glockenseil, welches sie gar oft in ihren Händen gehalten hatte, seinem Leben ein Ende gesetzt hatte, schmerzte sie ganz besonders.

Walburga wollte, dass die Beisetzung im kleinsten Kreis erfolgte. Sie konnte keine einzige Träne für Brosi vergießen. Zu stark waren ihre schlechten Erinnerungen an ihn. Die Bevölkerung zeigte auch wenig Interesse an Brosis Beerdigung. Selbst sein Sohn Gregor war nicht anwesend. Niemand kannte seinen Aufenthaltsort, um ihm die Nachricht vom Tod seines Vaters zu überbringen. Davon abgesehen, hatte auch niemand auf dem Hof Interesse, ihm nach all seinen verwerflichen Taten zu begegnen. Anna, Roberts Freundin und ihre Mutter Rosina, bereiteten auf dem Fohrenhof derweil das Mittagessen zu. Walburga hatte ihre Nachbarn zum »Leichenschmaus« eingeladen. Alle kamen und zeigten somit weiter ihre Verbundenheit mit den Menschen auf dem Fohrenhof.

Wenige Tage nach der Beisetzung kam Wilhelm mit seiner Frau Rosina mit einem Paket unterm Arm auf den Hof zur Altbäuerin Theresia.

»Wilhelm und Rosele, was bringt denn Ihr uns da in Eurem Päckle?«, fragte Theresia mit verwundertem Gesicht.

Wilhelm sagte: »Ja liebe Theres, wir bringen dir etwas, das du künftig wieder dringend brauchst.«

Mehr sagte er nicht und übergab ihr das kleine Paket. Sie schaute ihn verwundert an und meinte: »Ja was wird in diesem Päckle wohl drinnen sein?« und konnte es kaum erwarten, bis sie die Verpackung entfernt hatte. Es sollte eine echte Überraschung für die Altbäuerin sein. Walburga, die dabeistand, war gleichermaßen gespannt. Mittlerweile kamen Anna und Robert hinzu, die sich über den abendlichen Besuch von Wilhelm und Rosina wunderten. Sie hatten ihrer Tochter vom Kauf dieses Geschenkes nichts verraten.

Jetzt machte es Theresia spannend und öffnete ganz langsam den Karton und schaute zuvor selbst hinein. Sehr schnell kullerten ihr die Tränen über das Gesicht, als sie den Inhalt erkannte. Sie bedankte sich bei Wilhelm und dem Rosele, seiner Frau und entnahm ganz langsam aus dem Karton voller Freude ein neues, komplettes Glockenseil für die Georgskapelle. Auch Walburga, Robert und Anna konnten ihre Freudentränen nicht mehr zurückhalten über diese liebenswürdige Geste der Nachbarn, Anneles Eltern.

Schon am folgenden Morgen bemühte sich Robert sofort, das abgeschnittene alte Glockenseil mit dem Neuen auszutauschen. Jetzt konnte das verstummte St. Georgsglöckchen wieder für das allabendliche »Betzeitläuten« geläutet werden und seinen zarten Klang verbreiten. Und die Altbäuerin konnte wieder täglich, wie so viele Generationen zuvor schon, diese traditionelle Sache verrichten.

Unerwünschte Rückkehr

Eines Abends zu später Stunde wurden die Bewohner des Fohrenhofes, die schon alle zu Bett gegangen waren, vom heftigen Bellen des Hofhundes Nero aufgeschreckt. Er verbellte einen Fremdling, der auf die Haustüre zugehen wollte. Da seine Kette bis zum Hauseingang reichte, hinderte er den Fremden am Betreten des Hauses.

In sicherem Abstand zu Nero blieb er stehen und getraute sich nicht, sich dem Hauseingang zu nähern. Vor dem mächtigen Gebiss des Hundes, der ihn anfletschte, hatte er gehörigen Respekt und wartete daher lieber, dass er von jemandem aus dem Haus bemerkt werde, der den Hund zurückhielte. Robert stand als erster auf und eilte zum Ausgang, um nach dem Rechten zu schauen. Er traute seinen Augen nicht, als er den Flori erblickte.

Nach fast vier Jahren kehrte dieser von seiner Wanderschaft auf den elterlichen Fohrenhof zurück. Robert konnte sich über die Anwesenheit seines Bruders gar nicht freuen und fragte ihn sogleich: »Ja, was suchst du denn auf dem Hof bei uns?«

Flori war überrascht. Er hatte gehofft, dass seine Mutter ihm öffnen würde. Flori suchte noch nach einer Antwort, als, von Neros Gebell aufgeweckt, Walburga herauskam. Auch sie war erstaunt, als sie ihren Sohn nach so langer Zeit nun wieder vor sich sah. Sofort spürte sie die aggressive Stimmung zwischen den beiden Brüdern und meinte beschwichtigend: »Ja, Florian, wo kommst denn du zu solch später Stunde auf einmal her? Komm herein und gehe in die obere Kammer, in der du früher schon geschlafen hast. Wir werden morgen früh über die Angelegenheit sprechen.«

Ohne auch nur ein Wort zu sagen und ohne sich noch einmal umzudrehen, stieg Flori mit seinem Wäschebündel und dem Wanderstock in der Hand, die knarrende Stege hoch zu der ihm bekannten Kammer. Robert wandte sich zu seiner Mutter und sagte: »Mir wäre lieber, ich würde ihn bald wieder gehen sehen. Der macht es sich doch nur bequem hier auf dem Hofe. Flori hat hier nichts zu suchen Er schürt nur Unfrieden.«

Walburga versuchte, Roberts Ängste zu besänftigen und meinte: »Wir werden morgen über alles reden und ihm klar machen, dass er auf dem Hof nicht bleiben kann.«

Walburga war selbst enttäuscht und konnte nicht verstehen, dass ihr Sohn sich über die ganze Zeit seiner

Abwesenheit nie daheim gemeldet hatte. So konnte sie ihm auch die Nachricht vom Tod seines Vaters nicht zukommen lassen. Flori erfuhr erst nach mehr als drei Jahren, dass sein Vater durch Blitzschlag im Wald zu Tode gekommen war. Auch Robert konnte das interessenlose Verhalten seines Bruders den Eltern gegenüber nicht verstehen. Mit keinem Wort erkundigte er sich über die näheren Umstände, die zum Tod seines Vaters geführt hatten.

Am folgenden Tag erschien Flori erst zum Mittagessen. Robert fragte ihn etwas spöttisch: »Na, hat dich der Hunger aus dem Bett getrieben?«

Flori antwortete ihm nicht, sondern warf ihm nur einen bösen Blick zu. Walburga versuchte sofort, die Wogen zu glätten. »Lasst uns nach dem Essen darüber diskutieren, was Flori nun vorhat und wie er seine weitere Zukunft plant«, meinte sie.

Nach dem Essen war es Großmutter Theres, die zunächst mit ihrem Enkel Flori sprechen wollte, um ihn nach den Erlebnissen aus seiner Wanderschaft zu befragen. Sie wollte so vieles von ihm wissen.

Wo er überall gewesen sei, was er gearbeitet habe, wie es ihm gefallen habe, so weit weg von Zuhause zu sein und wie es ihm all die Jahre in der Fremde ergangen sei.

Flori war anzusehen, dass ihm ihre Fragerei lästig wurde und meinte: »Großmutter, du bist aber sehr wunderfitzig geworden. Ich kann dir nicht erzählen, wo ich in dieser Zeit überall war. Es gibt auch nicht viel zu erzählen.«

Doch eine Frage konnte sie sich nicht verkneifen, bevor er sich davonschlich: »Florian, was hat dich nach dieser langen Zeit wieder zu uns nach Hause getrieben?«

Eine Antwort auf diese Frage blieb er ihr jedoch schuldig. Um weiteren Fragen ausweichen zu können, verließ Flori schnell die Stube. Die Großmutter wunderte sich auch, dass sich Florian immer noch nicht nach seinem Großvater erkundigte und ihm noch nicht aufgefallen war, dass Franzsepp nicht mehr bei der Familie war. Er schien ihn auch nicht zu vermissen. Dabei hatte er ihm bei seinem Weggang noch einen kleinen Obolus in seine Tasche gesteckt. Hatte der Aufenthalt in der Fremde den Flori so abgehärtet? Der Gedanke machte sie sehr traurig. Sie versuchte aber, ihn zu verdrängen. Theres spürten, dass es ihm nicht passte, vor den anderen Leuten über seine Wanderjahre zu erzählen.

Erst gegen Abend verriet Flori seiner Mutter, dass er zunächst für einige Zeit daheimbleiben und sich erst einmal von seiner Wanderschaft erholen wolle, was sie ihm mit mahnenden Worten auszureden versuchte. Robert würde das ganz sicherlich nicht dulden, gab sie ihm zu verstehen. Flori erklärte ihr, dass es für ihn nicht leicht sei, mit seiner Sehbehinderung eine Anstellung in seinem Beruf zu finden. Noch wusste Flori nichts von der Liebschaft seines Bruders mit Anna, seiner ehemaligen Freundin. Um des lieben Friedens willen, lag es Walburga sehr am Herzen, dass ihr Sohn möglichst bald wieder seinem Beruf nachging und sich eine feste Bleibe außerhalb des Elternhauses suchte.

Rache für den Vater

Der Freitod des Fohrenhofbauer Brosi wurde durch die Pressemitteilungen in den Tageszeitungen schnell bekannt. Lange Zeit war dieses Ereignis das aktuellste Gesprächsthema in der Bevölkerung. Unterschiedlichste Meinungen, was die Gründe seiner Selbsttötung betraf, wurden geäußert. Dass ihn keine Krankheit dazu getrieben hatte, war allen, die ihn kannten, klar. Den besten Ruf hatte er ohnehin nicht in der Öffentlichkeit. Nun stand Gregor alleine da in seinem Leben. Zu seiner Mutter hatte er keine Verbindung mehr. Sie hatte als mittellose Person mit ihren eigenen Problemen zu kämpfen.

Als er vom Freitod seines Vaters erfuhr, packte ihn die Wut und er sann spontan auf Rache. Die Hintergründe für seinen Tod waren ihm nicht bekannt. Über belastende Vermutungen konnte und durfte die Presse nicht berichten. Da es sich um seinen leiblichen Vater handelte, über den in den Zeitungen berichtet wurde, fühlte er sich besonders betroffen. Für ihn stand fest, dass die Schuldigen für den Tod seines Vaters nur auf dem Fohrenhof zu suchen waren. Hier galt seine größte Wut Robert und der Bäuerin Walburga, die seiner Meinung nach den Vater in den Tod getrieben hatten. Gregor zerbrach sich den Kopf, wie er sich an den beiden rächen konnte. Mögliche Folgen schienen ihm gleichgültig zu sein. Er hatte nichts mehr zu verlieren. Das Wertvollste hatte er durch den frühen Tod seines Vaters verloren. So machte sich Gregor eines Abends bei Dunkelheit auf dem Weg zum Fohrenhof, um sich für sein Vorhaben genauer umzusehen. In der Nähe des Hofes kam ihm ein Mann entgegen, den er für Robert hielt.

»Das muss er sein«, dachte Gregor und lief, ohne lange zu zögern, auf ihn zu und versetzte ihm einen gewaltigen Faustschlag ins Gesicht.

»So, Robert, das war die erste Lektion für deine Schuld am Tode meines Vaters«, brüllte er ihn an und verschwand eiligst in der Dunkelheit, noch ehe Flori reagieren konnte. Dass es sich um Florian, der sich zu dieser Zeit auf dem Fohrenhof aufhielt, und nicht um seinen Bruder Robert handelte, konnte Gregor nicht wissen.

»Du Spinner, ich bin doch gar nicht Robert. Das zahl ich dir noch heim«, rief Florian ihm noch nach, obwohl er den Schläger nicht mehr sehen konnte.

Da wurde es Gregor erst bewusst, dass er den Falschen getroffen hatte. Wütend kehrte Flori um und ging zum Hof zurück. Er hatte Glück gehabt, dass der Schlag nicht sein lädiertes Auge, auf dem er erblindet war, getroffen hatte. Mit einer Wut im Bauch und stark geschwollenen Lippen sagte er zu Robert: »Dass du es weißt, ich musste soeben Prügel einstecken, die eigentlich dir gegolten haben. Ich habe doch mit Brosis Tod gar nichts zu tun.«

Robert gab ihm lediglich zur Antwort: »Dafür kann ich doch nichts. Wärst du daheim geblieben.«

Walburga war entsetzt über seine geschwollenen Lippen und fragte ihn: »Sag mir, wer hat dich so verprügelt, Florian?«

Immer noch die Hand an seiner geschwollenen Lippe haltend, antwortete er: »Es war zu dunkel. Ich konnte ihn nicht erkennen. Im Nu war er wieder weg. Der darf mir nicht noch einmal über den Weg laufen, sonst würde er sein blaues Wunder erleben.«

Nun war auch Robert vorgewarnt. Auf dem Hof war jetzt allen klar, dass dieser Schläger nur Gregor, Brosis Sohn, gewesen sein konnte. Dass der junge Bengel doch noch einmal auf dem Fohrenhof auftauchen würde, hatte niemand erwartet. Seine kriminellen Taten hatten alle noch nicht vergessen.

Der richtige Zeitpunkt, um sein Vorhaben auszuführen, ergab sich kurz darauf. Gregor wusste, dass am folgenden Montagabend im Dorf eine wichtige Versammlung des Bauernverbandes angekündigt war, an der mit Sicherheit auch Robert teilnehmen würde.

Das bot ihm die Gelegenheit, dem Robert auf seinem Heimweg in der Dunkelheit eine saftige Tracht Prügel zu verpassen. Doch diese Rechnung machte der gewitzte Gregor ohne den Wirt. Aus sicherer Entfernung stellte Gregor fest, dass Robert bei der Versammlung mit seinem benachbarten Freund Jakob, Wilhelms Sohn, erschien. Jakob, als angehender Forstwart, interessierten die landwirtschaftlichen Belange der Landwirte ebenfalls, vor allem was die Holzwirtschaft betraf. Mit diesen beiden gestandenen Mannsbildern wollte Gregor nicht das Geringste zu tun haben. Er würde sicherlich den Kürzeren ziehen. Somit war sein Racheplan gescheitert, und er suchte nach einer anderen Möglichkeit, der Fohrenhoffamilie einen Schaden zuzufügen.

Schon gleich nach dem Beginn der Veranstaltung im Gasthaus machte sich Gregor bei Dunkelheit zu Fuß auf den Weg zum Fohrenhof. Beim letzten Haus am Ortsende entdeckte er Papier, das am Boden lag. Für sein Vorhaben konnte er es gut gebrauchen und steckte es ein. Um allen Personen auf dem Hof gleichermaßen zu schädigen, beabsichtigte er nun, die Hofmühle in Brand zu setzen. Bis er auf Umwegen, um nicht gesehen zu werden, auf dem Gelände des Hofes ankam, verging wertvolle Zeit. Im Fohrenhof brannte nur das Licht in der Stube. Damit ihn der Hofhund nicht bemerkte, schlich sich Gregor unbemerkt von der hinteren Hofseite, die er kannte, an die

Mühle heran. Über die von Robert am Tag zuvor verschlossene Eingangstür zur Mühle ärgerte er sich gewaltig, sodass Gregor sein teuflisches Vorhaben nicht in der Mühle durchführen konnte. Daher dauerte es wesentlich länger, bis sein angezündetes Papierbündel an der Außenwand des Gebäudes ein Feuer entfachen konnte. Ohne weitere Zeit zu verlieren, rannte Gregor in Richtung Wald, um aus sicherer Entfernung dem folgenden Flammeninferno genüsslich zuschauen zu können.

Vielleicht war es Fügung, dass Jakob und Robert nach Ende der Veranstaltung von Meinrad, einem Freund Jakobs, mit dem Auto nach Hause gefahren wurden. In der Nähe der drei Häuser auf dem Fohrenbühl angekommen, erblickten sie einen hellen, wechselnden Lichtschein in der Nacht. Robert erkannte sofort, dass er aus der Nähe seines Elternhauses kommen musste. Wenige Minuten später waren sie dort angekommen und erkannten, dass die obere Wandseite der Mühle bereits brannte. »Kommt schnell, wir holen Wasser aus dem Brunnentrog«, rief Robert und gab jedem der beiden Helfer zwei Eimer, mit denen sie das Feuer an der Mühle zu löschen begannen. Mit größtem Eifer schleppten sie Löschwasser in ihren Eimern zur Mühle und schütteten mit Wucht das Wasser an die brennende Gebäudewand. Durch den Lärm der Männer aus dem Schlaf gerissen, rannte Walburga nach draußen.

»Jesses Maria, die Mühle brennt ja«, rief sie erschrocken. Sofort ließ sie Nero, den Hofhund, von der Kette los, der auch sogleich davonrannte. Sie rief in der Eile auch noch nach Flori. Doch dieser kam nicht. Aus der Küche holte sie den Melkeimer und öffnete sofort den Wasserhahn am Ende des Brunnentroges, damit genügend Wasser nachfließen konnte. So half sie ebenfalls beim Löschen und schleppte Wasser zur Mühle hinüber, das die Männer an die brennende Gebäudewand schütteten. Dem glücklichen Zustand ihrer rechtzeitigen Heimkehr und der besonderen Größe ihres Brunnentroges mit seinem enormen Fassungsvermögen hatten sie es zu verdanken, dass das Feuer noch rechtzeitig gelöscht werden konnte, bevor die ganze Mühle in Brand geriet.

Die trockene, jahrhundertealte Holzwand wurde in kürzester Zeit durch das Feuer völlig zerstört. Geschockt standen sie alle vor der verkohlten Außenwand der Mühle und rätselten, wie es zu diesem Feuer kommen konnte. Plötzlich hörten sie den fürchterlichen Schrei eines Mannes, der vom Wald herkam. Der Schrei wiederholte sich noch einmal. Da meinte Robert: »So wie sich das anhört, sind das ganz sicherlich Schmerzensschreie eines Mannes.«

Da fiel Walburga plötzlich ein, dass sie Nero frei gelassen hatte.

»Der hat wohl ein Unheil angerichtet«, sagte sie. Robert rief nach Nero und pfiff ihm, ohne zu ahnen, wo er stecken könnte. Nach wenigen Minuten kam Nero an und winselte um sie herum. Sofort begann er wieder zu bellen und wollte in die Richtung Wald laufen. Doch Walburga hielt ihn zurück. Da kam bei den Männern der Verdacht auf, dass der Übeltäter und Brandstifter sich vielleicht in den Wald verzogen haben könnte. Nero musste ihn mit seiner feinen Spürnase gefunden und gebissen haben. Sie beschlossen gemeinsam, nach der Person zu suchen.

Walburga blieb mit mehreren gefüllten Wassereimern beim Brandherd und hielt Feuerwache, für den Fall, dass eine verdeckte Glut erneut Feuer entfachen könnte. Nero legte sie zur Sicherheit wieder an die Kette. Es dauerte nicht lange, bis die drei Männer mit dem verletzten Übeltäter zum Hofe zurückkamen. Zur großen Überraschung aller, war Gregor der Brandstifter. Unter kläglichem Jammern vor Schmerzen – Nero hatte ihn in die Waden gebissen, gab er es auch gleich zu, dass er das Feuer gelegt und warum er es getan habe.

Nach kurzer Unterredung, was mit ihm geschehen solle, fuhr Meinrad ihn mit dem Auto zur Polizei, die ihn nach kurzem Verhör, bei dem Meinrad noch anwesend war, zur dringend erforderlichen ärztlichen Versorgung brachten. Es folgte auf Anraten der Polizei eine Anzeige gegen Gregor wegen vorsätzlicher Sachbeschädigung, die dem Fohrenhof jedoch nichts einbrachte.

Auf dem Hofe selbst wollte danach niemand mehr etwas von ihm wissen. Für Robert stand nun, nach diesem Desaster, sein schon vor Jahren gehegter Entschluss fest, oberhalb des Hofes einen Brandweiher anzulegen. Bisher war der Großvater strikt dagegen gewesen. Schon in den nächsten Tagen beauftragte er einen Baggerführer mit der Aushebung. Eine ausreichende Wasserzuführung war durch das am Hof vorbeiführendes Bächlein, das auch das Mühlrad antrieb, gewährleistet. Die Reparatur der durch den Brand beschädigten Außenwand der Mühle war für Robert nun die dringlichste Arbeit, damit bei Regenwetter keine Feuchtigkeit in das Innere der Mühle gelangen konnte und das wertvolle und unbeschädigte Mahlwerk geschützt wurde. Hierbei waren ihm die Männer aus der Nachbarschaft wiederum behilflich. In gemeinsamer Eigenleistung entfernten sie die verkohlten Teile der Gebäudewand der Mühle und erneuerten sie in gleicher Holzbauweise wie zuvor.

Drama am Wasserfall

An einem Freitag, dem zweiten Tag nach seiner Heimkehr von der Wanderschaft, wollte Flori gegen Abend
in seiner Zimmermannskluft seine ehemalige Freundin Annele besuchen. An der Haustür angekommen,
empfing ihn Wilhelm, ihr Vater. »Ja Flori, wo kommst
denn du auf einmal her, nachdem du so lange weg
warst? Niemand wusste, wo du die ganzen Jahre ver-
bracht hast.«

Ohne ihm zu antworten, fragte Florian ihn auf eine
fast flegelhafte Art: »Wo ist das Annele?«

Sichtlich überrascht von dieser Frage und seinem
barschen Verhalten meinte ihr Vater: »Mein lieber
Flori, das Annele ist vergeben und hat nun schon seit
über zwei Jahren einen wahren Freund gefunden. Sie
ist jetzt auch nicht hier.«

Wilhelm überkam ein Gefühl der inneren Befrie-
digung, als er Floris Enttäuschung bemerkte. Mit einer unverkennbaren Wut im Bauch, drehte dieser sich
um und lief, ohne weitere Worte zu verlieren, davon.

Wilhelm hatte ihm ganz bewusst nicht verraten, dass seine Tochter ihr Herz an seinen jüngeren Bruder Robert verschenkt hatte. Das würde Flori in den nächsten Tagen schon noch selbst in Erfahrung bringen, dachte er. Annele und Robert waren ein glückliches Paar, das sich auch gerne in der Öffentlichkeit zeigte. Ihre Liebe und Verbundenheit war somit kein Geheimnis mehr. Allen war bekannt, dass Anna einmal Bäuerin auf dem Fohrenhof werden würde.

Seit Anna mit Robert befreundet war, half sie gerne an ihren freien Tagen und an den Wochenenden auf dem Hof. Für Walburga war sie eine willkommene Stütze. So kam es. dass Flori am Samstag, als er zum Mittagessen in die Küche kam, das Annele am Herd stehen sah. Er traute er seinen Augen nicht und blieb wie angewurzelt stehen. Robert achtete darauf, dass er sich in der Küche aufhielt, als sein Bruder diese betrat. Flori hatte es die Sprache verschlagen. Jedenfalls, wusste er nicht, was er dazu sagen sollte.

Walburga wies ihm den Platz am oberen Tischende neben Großmutter Theresia zu, während sich Robert und das Annele neben Walburga, ihnen gegenüber, hinsetzten. Flori getraute sich nicht, auch nur ein Wort über die Anwesenheit von Anna zu verlieren. Annele vermied es, ihn anzusehen. Somit wurde das erste gemeinsame Mittagessen eine ruhige und wortkarge Angelegenheit, in der nur das Allernotwendigste gesprochen wurde.

Es wussten alle am Tisch, dass Flori vor Beginn seiner Wanderschaft das Annele im Stich gelassen hatte. Ohne sich von ihr zu verabschieden, ließ er sie im Ungewissen, worüber sie maßlos enttäuscht war. So konnte er von ihr auch keine freudige Begrüßung erwarten.

Große Eifersucht ergriff Flori, als er nun erkennen musste, dass Robert der Glückliche an ihrer Seite war und sie schon kurz vor der Hochzeit standen. Da Robert befürchtete, dass sein Bruder versuchen würde, sich Annele zu nähern und sie umzustimmen, wollte er ihn im Auge behalten. Dieser hatte allerdings beim Annele auch keinerlei Chancen mehr. Sie war viel zu enttäuscht von ihm. Außerdem fiel ihr auf, dass Floris äußeres Erscheinungsbild ungepflegt war und eher einen verwahrlosten Eindruck machte. Seit Flori daheim war, kam es zwischen den beiden Brüdern immer wieder zu heftigen Auseinandersetzungen. Robert beschimpfte ihn wegen seines permanenten Nichtstuns als einen Faulenzer. Obwohl genügend Arbeit für ihn vorhanden gewesen wäre, machte Flori keinerlei Anstalten, auf dem Felde oder im Haus mitzuhelfen. Dass er sich täglich an den gedeckten Tisch zu setzte, als wäre er Gast auf dem Hof, erzürnte Robert zusehends.

Seine Mutter Walburga wusste auch keinen Rat, wie sie ihren Sohn zur Mithilfe gewinnen könnte. Dadurch machte sich Flori bei allen von Tag zu Tag immer unbeliebter. Bei jeder Gelegenheit ließ er Robert spüren, wie sehr er sich über seine Beziehung mit dem Annele ärgerte. Seine Eifersucht ließ ihm keine Ruhe mehr. Er wollte sich bei passender Gelegenheit an beiden rächen. Anna liebte schon als Kind die Natur mit ihrer Vielfalt an blühenden Sträuchern, den Wald in ihrer Nähe, in dem sie mit ihrer Mutter immer gerne spazieren ging. Diese Freude, das Erwachen der Natur zu erleben und die gesunde Waldluft in freier Bewegung zu genießen, blieb ihr auch in späteren Jahren erhalten. In Robert fand sie einen Freund, der den Wert und die Schönheiten in Wald und Flur in gleichem Maße schätzte. Darüber war sie sehr glücklich. Auf ihren Wanderungen bevorzugte sie das wildromantische, jedoch nicht ungefährliche Gebiet oberhalb von Triberg, Deutschlands höchste Wasserfälle. Ein grandioses Naturschauspiel mit seinen sieben Fallstufen. Unterhalb Triberg vereinigen sich dieser Fallbach, der Wasserfall von Schönwald her fließend, mit dem Nußbach und Schonach zur Gutach, die in Hausach im Kinzigtal in die Kinzig mündet und bei Kehl in den Rhein.

Gegen Abend, wenn die vielen Besucher das Gebiet verlassen hatten und das Wetter es zuließ, genossen sie ab und zu dieses Naturschutzgebiet. So waren sie auch an einem Sonntagabend unterwegs auf dem Schluchtweg am Wasserfall, der mit seinen vielen Windungen seitlich des Wasserfalls ins Tal führte. Sie bewunderten die Gischt des tobenden Wassers, das über die Kaskaden zu Tal stürzte. In der Woche zuvor war anhaltend schlechtes Wetter mit Dauerregen gewesen. Dadurch führte der Wasserfall sehr viel mehr Wasser über die Stufen, als üblich. Durch die große Wassermenge bekam der Fall einen zusätzlichen Reiz. Dieses imposante Naturschauspiel wollten auch Robert und Anna auf ihrer Sonntagswanderung bewundern. Daher machte Robert beim Mittagessen dem Annele den Vorschlag, bei dem schönen Wetter eine ausgedehnte Tour über die Höhe zum Wasserfallgebiet zu unternehmen.

Dies vernahm auch Flori am andern Ende des Tisches. Auch er kannte die Wanderwege, die das Annele mit ihm vor Jahren gerne gewandert war. Am frühen Abend erreichten die beiden den Hochwald über dem Wasserfall. Die vielen Tagestouristen waren auf ihrem Heimweg und auf den Wanderwegen traf man kaum noch eine Menschenseele. Flori hatte sich inzwischen ein passendes Versteck an einer gefährlichen Stelle, sehr nahe dem Wasserfall ausgesucht. Hier lauerte er auf die beiden Verliebten, bis sie an einer gefährlichen Stelle sehr nahe dem Wasserfall vorbeikamen. Händchen haltend standen sie am Rande des Pfades und bewunderten die tobenden Wassermengen, die mit einer tosenden Gischt nach unten stürzten.

Plötzlich stand Flori ihnen gegenüber. Unbemerkt war er aus dem Unterholz aufgetaucht und versperrte ihnen den Weg. Verwundert schauten die beiden ihn an.

»Wo kommst du denn auf einmal her? Geh zur Seite und lass uns in Ruhe «, forderte Robert energisch seinen Bruder auf. Mit einem höhnischen Lächeln gab Flori ihm zur Antwort: »Ja, das hättest du gerne. Aber du irrst dich, mein lieber Bruder. Keinen Schritt gehe ich zur Seite. Im Gegenteil, hier endet euer gemeinsamer Weg. Nur, dass ihr es wisst.«

Robert ließ sich nicht einschüchtern und forderte Flori nochmals auf, ihnen aus dem Weg zu gehen, bevor er handgreiflich werden würde, was sein Bruder aber ignorierte. Flori stellte sich nun in frecher Pose vor das Annele und versuchte, sie zurückzustoßen. Das war zu viel für Robert. Er packte den Flori am Arm und schüttelte ihn kräftig. Der riss sich los und stellte sich provozierend vor Robert. »Jetzt komm Bruderherz und zeig, wer hier der Stärkere ist! Ich bin ein Nichtsnutz und habe auch nichts mehr zu verlieren. Aber du mit deiner Anna schon.«

Mit bösem Blick forderte er Robert heraus, mit ihm seine Kräfte zu messen. Mit weiteren Bemerkungen beleidigte er die beiden und lästerte über sie. Das ließ sich Robert nun nicht mehr länger gefallen. Er fasste seinen Bruder an der Brust und ehe der sich versah, gab Robert ihm eine schallende Ohrfeige. Flori stürzte sich nun auf Robert, und es begann eine wilde Rangelei am gefährlichen Abgrund zum Wasserfall.

»Ich werfe dich den Wasserfall hinunter!« schrie Flori seinen Bruder an. Das Annele bekam es mit der Angst zu tun und befürchtete das Schlimmste. Sie lief einige Schritte zurück und begab sich in sichere Entfernung. Von dort rief sie den beiden immer wieder zu: »Hört endlich auf mit dieser sinnlosen Rauferei. Ihr seid schon ganz nah am Wasserfall.«

Diese Worte nahmen die beiden bei ihrer Rangelei aber nicht wahr. Immer wieder verloren sie den Halt auf dem Boden, der durch die feuchte Luft und den Nebel glitschig war.

»Und wenn wir beide drauf gehen, du sollst sie auch nicht bekommen«, schrie Flori lauthals heraus. Immer wieder versuchte er, sich aus Roberts Umklammerung zu befreien und ihn zum Abgrund zu drängen. Fast wäre es ihm geglückt, als er Roberts Bein zu fassen bekam und dieser für einen kurzen Moment die Bodenhaftung verlor.

»Bevor ich da runter stürze, bist du dran und fliegst zuerst!«, fauchte Robert seinen Bruder an. Anna konnte nicht mehr mit ansehen, wie sich die beiden immer mehr dem gähnenden Abgrund näherten. Durch die laute, tosende Gischt überhörten sie weiterhin ihre Warnrufe. Robert erkannte plötzlich die Gefahr, in die hohe Kaskade abzustürzen und versuchte, den Flori von sich wegzustoßen, der bereit war, mit seinem Bruder zusammen über mehrere Kaskaden den tiefen Fall hinunter zu stürzen. Flori griff, den tödlichen Abgrund vor den Augen, vehement nach Roberts Arm, den er jedoch nicht mehr erreichte. Dabei rutschte er aus, verlor den Boden unter den Füßen und fiel mit einem fürchterlichen Aufschrei rückwärts in die Tiefe. Robert gelang es dabei noch rechtzeitig und geistesgegenwärtig sich am Gestrüpp festzuhalten und dadurch besseren Halt zu finden. Mit Müh und Not konnte er sich selbst vom Rande des Abgrundes auf dem nassen Boden vorsichtig in Sicherheit bringen. Aus dem Hintergrund schrie das Annele: »Jesses Maria und Josef! Armer Flori! Musste es denn so weit kommen?«

Sofort eilte sie zu Robert, der vor Schreck wie versteinert stehen blieb und hinunter in die Tiefe starrte. Dabei sah er noch, wie die Wassermassen den Flori über eine weitere Stufe nach unten mitrissen und ihn ein zweites Mal in die Tiefe fallen ließen. Anna eilte zu Robert und zog ihn aus der Nähe der Unfallstelle auf den sicheren Weg zurück. Beide hielten sich in ihren Armen fest und konnten keine Worte mehr finden über das, was sich zuvor abgespielt hatte. Fassungslos standen beide da. Wie konnte sich Floris Hass auf seinen Bruder so sehr ins Unermessliche steigern, dass er sogar durch die von ihm provozierte Rangelei den Tod in Kauf genommen hatte? Er konnte das Glück der beiden wohl nicht ertragen.

Nach wenigen Minuten der Ratlosigkeit liefen sie, so schnell sie konnten, den Schluchtweg nach unten.

Der Schrecken und der Gedanke, dass durch diese Rangelei auch beide hätten abstürzen können, saßen ihnen immer noch tief in den Gliedern, obwohl das Unglück von Flori alleine schlimm genug war. Am Zugang der untersten Kaskade angekommen, suchten sie sofort nach dem Flori, konnten ihn in der beginnenden Dunkelheit jedoch nicht finden. Besucher waren nicht mehr unterwegs. Beiden wurde schnell klar, dass sie den Vorfall bei der Polizei melden mussten. Sofort eilten sie zur Dienststelle nach Triberg.

Ein Großaufgebot der Feuerwehr mit umfangreicher Beleuchtungseinrichtung und Sanitäter des DRK Zuges wurde von der Polizei zum Wasserfall beordert, um den Verunglückten zu suchen. Durch umfangreiche Ausleuchtung des Wasserfalls und eingehend intensiver Suche, fanden sie Florian schließlich im Becken der untersten Kaskade. Der anwesende Arzt konnte nur noch Florians Tod feststellen. Um den genauen Unglückshergang zu schildern, wurden Robert und Anna anderntags zur Protokollierung auf die Dienststelle der Polizei bestellt. Durch die genaue und detaillierte Schilderung des Vorfalls und der Situation zuvor von Robert und dem Annele, wurde der Vorgang mit Florians Ableben als selbst verschuldeter Unfall mit Todesfolge protokolliert. Somit lasteten auf Robert und dem Annele zu ihrer Erleichterung keine Schuldgefühle. Florian hatte sein Schicksal selbst herausgefordert.

Neues Glück auf dem Fohrenhof

Ein halbes Jahr nach dem Tod des alten Fohrenhofbauern Franzsepp setzte Robert sein Versprechen, das er Annele gegeben hatte, in die Tat um. Er beendete mit der bevorstehenden Modernisierung und Einrichtung einer zeitgemäßen Wohnung die alte Tradition, im Hause nichts zu verändern. Sein Großvater sollte es nicht mehr miterleben müssen, wenn Handwerker in seinem Eltern- und Geburtshaus, in dem seit über hundert Jahre nichts verändert wurde, einkehrten und werkelten. Seine Großmutter Theresia hatte noch nie Einwände gegen eine Verbesserung der wohnlichen Situation durch Modernisierung gehabt, wenn in der Familie vorher darüber gesprochen wurde. Die tägliche Arbeit in der Küche war schon sehr umständlich gewesen, wenngleich sie seit Jahrzehnten nichts anderes gewöhnt war. Nun sollten aus den alten Kammern neue Zimmer entstehen. Robert war schon immer der Meinung. »Wer Altes bewahren will, muss auch Neues zulassen.«

Roberts Eltern konnten zu früheren Zeiten ihre Umbaupläne beim Altbauern nicht durchsetzen und beließen alles beim Alten. Diese längst fällige und umfangreiche Modernisierung bedeutete für Robert enorme Kosten, die er allesamt mit einem größeren Holzeinschlag finanzieren musste. Für diese erforderlichen Holzfällerarbeiten heuerte er zwei hauptberufliche Waldarbeiter an, die in Lohnarbeit im großen Tannen- und Fichtenwald das hoch gewachsene Stammholz für die Bauindustrie fällten. Einen zweiter Einschlag erfolgte im Altbestand des Buchenwaldes, der sowohl das erstklassige Wertholz in Stämmen wie auch mehrere Klafter gutes Brennholz lieferte. Über mehrere Jahre hinweg war im gesamten Waldgebiet des Fohrenhofes wesentlich mehr Holz nachgewachsen, als Großvater schlagen konnte. Franzsepp ermahnte seinen Sohn Leonhard immer wieder mit eindringlichen Worten: »Schont den Wald und schlagt nur so viel Holz, wie ihr allernötigst braucht. Er ist euer sicherster Sparstrumpf, auf den ihr in Not zu jeder Zeit zugreifen könnt.«

Ihr schlagfähiger Waldbestand hatte eine Gesamtfläche von über 65 Hektar. Auf diesen gefüllten Sparstrumpf war Robert nun angewiesen und nahm ihn nun in umfangreichem Maße in Anspruch, um sein Verlobungsversprechen gegenüber seinem Annele, einer großzügigen Modernisierung im Hause, einzuhalten. Selbst nach Beendigung der umfangreichen

Holzfällermaßnahmen, stand für Robert aufgrund der überdimensionalen Waldfläche noch genügend schlagbarer Wald in allen Holzarten zur Verfügung.

Zu einer zeitgemäßen Wohnung gehörten ein Bad und eine Toilette. Diese befand sich immer noch nach herkömmlicher Art ohne Spülung und außer Haus. Die Küche würde neuzeitlich mit fließendem Kalt- und Warmwasser ausgestattet werden. Lange genug mussten sie mit der primitiven und umständlichen Einrichtung leben und zurechtkommen. Robert hatte auf der landwirtschaftlichen Fachschule das aktuelle und neuzeitliche Arbeiten in der Land- und Forstwirtschaft kennengelernt, konnte es jedoch daheim noch nicht umsetzen. Das fortschrittliche Arbeiten hatte auf dem Fohrenhof noch nicht Einzug gehalten. Vom ersten Sonnenstrahl am Morgen bis oftmals spät abends, in die Nacht hinein, wurde auf dem Fohrenhof gerackert, weil alles noch mit Menschenhand erarbeitet wurde. Nicht ohne Grund hing an der Wand in der Stube eine gerahmte Tafel, auf der in verschnörkelter Schrift ein weiser Bauernspruch zu lesen war: »Je rauer des Bauern Hand, desto schöner und reicher sein Land.«

Durch Roberts Hofübernahme war mit der mühsamen »Schafferei« auf dem Feld und Hof nun endgültig Schluss. Robert wollte schon längst das umständliche Arbeiten mit den Zugtieren beenden und dafür einen gebrauchten, noch gut erhaltenen Schlepper anschaffen. Jetzt war die Zeit gekommen, dieses Vorhaben endlich in die Tat umzusetzen. Walburga war mit dem Kauf einverstanden, da sie Roberts Meinung, die anstehenden Arbeiten durch neue Anschaffungen zu erleichtern, teilte. Die beiden Ochsen wurden verkauft, und zwei Wochen später fuhr Robert mit einem gebrauchten und gut erhaltenen Schlepper in den Wald, um das Holz abzufahren.

Für ihn bedeutete diese Neuanschaffung viel Zeitersparnis und eine große Arbeitserleichterung. Die beiden stämmigen Schwarzwälder Kaltblutpferde, »Hans« und »Fred«, durften ihr Gnadenbrot auf dem Fohrenhof genießen. Sie wurden von Robert nur noch zum Holzrücken im Hochwald, um die Kulturen zu schonen, eingesetzt. Diese Art der Stammholzzusammenführung auf einen Sammelplatz wurde von den Fohrenhofbauern schon immer mit den Pferden durchgeführt. Eine wesentliche Erleichterung bei den Waldarbeiten ergab sich für Robert durch die Anschaffung einer Motorsäge.

An schönen Sonn- und Feiertagen fuhr Robert mit dem Pferdegespann vor dem Chaisenwagen und seiner Verlobten Anna durch die Gegend. Robert erfüllte Annas Wunsch, mit der Hochzeit und ihrem Einzug auf den Fohrenhof zu warten, bis die Modernisierungsarbeiten abgeschlossen waren. Dementsprechend drängte er die Handwerker, ihre Arbeiten zügig durchzuführen.

Annele gab ihren geliebten Beruf als Damenschneiderin auf und war bereit, Fohrenhofbäuerin zu werden. Die Liebe zu Robert und eine gesicherte Zukunft waren ihr das wert. Wenngleich sie ihre berufliche Tätigkeit aufgab, so fanden doch zufriedene Kundinnen auch später noch den Weg zu ihrer Schneiderin mit ihren Anliegen und Änderungswünschen verschiedenster Art, die sie neben ihrer täglichen Arbeit immer noch gerne erledigte.

Ihr größter Wunsch ihres Berufslebens erfüllte sie sich jedoch selbst. In einer Kammer im oberen Stockwerk richtete sie sich ihr Nähzimmer nach ganz persönlichen Wünschen ein. Für Robert war der Eintritt in diese Kammer über mehrere Wochen vor der Hochzeit tabu. Darauf bestand seine Verlobte. Zutritt hatte nur noch das Rosele, ihre Mutter. Anna nähte nämlich das Kleid für den schönsten Tag in ihrem Leben nach eigenen Vorstellungen und Wünschen selbst. Es sollte für ihren Bräutigam bis zum Tage der Vermählung ein Geheimnis bleiben.

Nach altem Brauch verbrachte die Braut ihre letzte Nacht vor der Hochzeit in ihrem Elternhaus. Diese Abwesenheit nutzten ihre Freundinnen und zierten spätabends zusammen mit dem Nachbar Jakob den Hauseingang des Fohrenhofs mit einer Girlande aus grünen Tannenzweigen, die sie mit roten und weißen Rosen schmückten. Über der Türe prangte ein verziertes Willkommensschild für das glückliche Brautpaar.

Zu ihrer Hochzeitsfeier lud das junge Paar nach der Trauung alle Nachbarsleute in die große Stube des Fohrenhofs ein. In geselliger Runde feierten fröhliche Menschen den schönsten Tag zweier junger Menschen und wünschten ihnen Glück, Gesundheit und einen reichen Kindersegen.

Für Anneles Großeltern, Severin und Odilia Trenkle, beide fast neunzig Jahre alt, war es die größte Freude, dass sie in ihrem hohen Alter die Hochzeitsfeier ihrer geliebten Enkelin noch miterleben durften. Auch die Brauteltern Wilhelm und das Rosele waren erfreut über das Glück ihrer Tochter.

Nicht nur Walburga, auch die Altbäuerin Theresia konnte es kaum fassen, dass mit dem Annele eine liebenswerte und fleißige Person als Jungbäuerin auf den Fohrenhof gekommen war. Altbäuerin Theresia war auch noch in ihrem hohen Alter mit über 86 Jahren gerne bereit, mit leichten Gartenarbeiten der Anna als angehende Jungbäuerin behilflich zu sein. Sie gab ihr wertvolle Tipps und Hinweise aus ihrer langjährigen Erfahrung in der umfangreichen und vielseitigen Gartenarbeit, beim Blumen- und Gemüseanbau. Das Annele wusste bis dahin noch nichts von den alten, traditionellen Bauernregeln, über die Begriffe »Nitsigent« und »Obsigent« sowie deren Bedeutung beim Sähen oder Einpflanzen der verschiedenen Gemüsesorten in der auf- und absteigenden Mondphase. Therese erklärte ihr, dass die ober- oder unterirdisch, also über der Erde und unterirdisch – in der Erde wachsenden Gemüsearten damit gemeint waren. Gerne nahm Anna diese bewährten Tipps nach den alten Bauernregeln von der erfahrenen Altbäuerin für die umfangreichen Gartenarbeiten an, die ihr viel Freude machten.

Durch die Anschaffung weiterer moderner Gerätschaften zur Unterstützung und Erleichterung körperlich anstrengenden Arbeiten begann eine neue Ära auf dem Fohrenhof. Aufgrund der umfangreichen Modernisierung konnten die anfallenden Arbeiten mit weniger Personal erledigt werden.

So ließ die Zeit nicht lange auf sich warten, bis »Sebastian«, ein gesunder Stammhalter, das Licht der Welt erblickte. Mit dieser Namensgebung ging für Theresia, der Urgroßmutter des neuen Erdenbürgers, ein großer Wunsch in Erfüllung. Denn ihr erstgeborener Sohn, dem sie den Namen Sebastian gegeben hatte, war wenige Tage nach seiner Taufe verstorben. Ein hartes Schicksal, das die junge Bäuerin sehr schmerzhaft traf und viele Jahre belastete. Mit dem neuen Erdenbürger Sebastian lebten vier Generationen auf dem Fohrenhof zufrieden und glücklich vereint unter einem Dach.

Für die Altbäuerin erfüllte sich ihr sehnlichster Wunsch. Sie durfte in ihren alten Tagen dem Stammhalter der traditionsreichen Familie Tritschler eine zuverlässige »Kindsmagd« sein.

Für die Jungbäuerin Anna bedeutete diese Betreuung ihres Kleinkindes durch die Großmutter eine segensreiche Unterstützung bei ihrer täglichen Arbeit. Sie konnte sich auf ihre fürsorgliche Betreuung verlassen und sich getrost ihrer täglichen Arbeit widmen. Als die glückliche Familie nach der Taufe ihres Kindes auf dem Fohrenhof eintraf, läutete Wilhelm solange das Georgsglöcklein der St. Georgskapelle, bis auch die letzten Leute im Hause waren. Bei dem nun folgenden traditionellen Taufschmaus, für den Walburga, die Oma des Stammhalters, ein köstliches Essen zubereitet hatte, durften auch die Nachbarsleute nicht fehlen. Sie bildeten zusammen mit den Bauersleuten eine fröhliche und hilfsbereite Gemeinschaft für die Zukunft auf dem Fohrenbühl. Für die Menschen auf dem Fohrenhof begann mit der Geburt des gesunden Stammhalters Sebastian eine hoffnungsvolle Zeit, die auch Altbäuerin Theres noch viele Jahre im Kreise ihrer Familie miterleben durfte. Neues Glück, ein junges Leben und der ersehnte Familienfrieden kehrten wieder auf dem Fohrenhof ein.